Espacios literarios

Sueños y realidades

Cuentos fantásticos hispanoamericanos

Cornelsen

Espacios literarios **Sueños y realidades** – Cuentos fantásticos hispanoamericanos

Bearbeitung: Sebastian Frese
Verlagsredaktion: Dr. Katharina Einert
Umschlaggestaltung: werkstatt für gebrauchsgrafik, Berlin
Layout und technische Umsetzung: zweiband.media GmbH

Quellenverzeichnis:
Abbildungen: **Cover** mauritius images/EyeEm; Texte: **S. 5** Gabriel García Márquez: «La luz es como el agua», Doce cuentos peregrinos © Gabriel García Márquez, 1992 and Heirs of Gabriel García Márquez; **S. 10** Julio Cortázar «Continuidad de los parques», Final del Juego © Estate of Julio Cortázar, 1956; **S. 13** Julio Cortázar: «El diario a diario», Historias de cronopios y de famas © Estate of Julio Cortázar, 1962; **S. 14** Horacio Quiroga: «El almohadón de plumas» Gemeinfrei; **S. 20** Mario Benedetti: «Acaso irreparable» © Fundación Mario Benedetti c/o Schavelzon Graham Agencia Literaria www.schavelzongraham.com; **S. 32**. Mario Benedetti: «El otro yo» © Fundación Mario Benedetti c/o Schavelzon Graham Agencia Literaria www.schavelzongraham.com; **S. 34** Julio Cortázar: «Casa Tomada», Bestiario © Estate of Julio Cortázar, 1951; **S. 42** Joaquín Pasos: «El ángel pobre» Gemeinfrei; **S. 52** Gabriel García Márquez: «El ahogado más hermoso del mundo», La increíble y triste historia de la cándida Eréndira y de su abuela desalmada © Gabriel García Márquez, 1972 and Heirs of Gabriel García Márquez, **S. 62** Horacio Quiroga: «Juan Darién" Gemeinfrei; **S. 78** Leopoldo Lugones: «Yzur» Gemeinfrei; **S. 90** Rubén Darío: «Verónica» Gemeinfrei; **S. 96** José María Roa Bárcenas: «Lanchitas» Gemeinfrei; **S. 110** Jorge Luis Borges: «El encuentro», Obras completas II, Buenos Aires: Emecé, 1996; **S. 118** Samanta Schweblin: «Última vuelta», Pájaros en la boca y otros cuentos. Barcelona: Literatura Random House, 2017.

www.cornelsen.de

Die Webseiten Dritter, deren Internetadressen in diesem Lehrwerk angegeben sind, wurden vor Drucklegung sorgfältig geprüft. Der Verlag übernimmt keine Gewähr für die Aktualität und den Inhalt dieser Seiten oder solcher, die mit ihnen verlinkt sind.

1. Auflage, 1. Druck 2020

Druck: H. Heenemann, Berlin

ISBN 978-3-06-021933-9

PEFC zertifiziert
Dieses Produkt stammt aus nachhaltig
bewirtschafteten Wäldern und kontrollierten
Quellen.

www.pefc.de

PEFC/04-31-1156

Cuentos fantásticos

Anexo

La realidad no siempre es probable o posible.

Jorge Luis Borges

Gabriel García Márquez

La luz es como el agua

En la Navidad los niños volvieron a pedir un bote de remos[1].

–De acuerdo –dijo el papá–, lo compraremos cuando volvamos a Cartagena[2].

Totó, de nueve años, y Joel, de siete, estaban más decididos de lo
5 que sus padres creían.

–No –dijeron a coro–. Nos hace falta ahora y aquí.

–Para empezar –dijo la madre–, aquí no hay más aguas navegables que la que sale de la ducha.

Tanto ella como el esposo tenían razón. En la casa de Cartagena de
10 Indias había un patio con un muelle sobre la bahía, y un refugio para dos yates grandes. En cambio aquí en Madrid vivían apretujados[3] en el piso quinto del número 47 del Paseo de la Castellana. Pero al final ni él ni ella pudieron negarse, porque les habían prometido un bote de remos con su sextante y su brújula[4] si se ganaban el laurel[5]
15 del tercer año de primaria, y se lo habían ganado. Así que el papá compró todo sin decirle nada a su esposa, que era la más reacia[6] a pagar deudas de juego. Era un precioso bote de aluminio con un hilo dorado en la línea de flotación.

–El bote está en el garaje –reveló el papá en el almuerzo–. El
20 problema es que no hay cómo subirlo ni por el ascensor ni por la escalera, y en el garaje no hay más espacio disponible.

---

1 el bote de remos: Ruderboot
2 Cartagena (de Indias): ciudad colombiana en la costa del mar Caribe; fundada en 1533, era uno de los puertos más importantes para la corona española
3 apretujado/-a: *hier* eingeengt, eingequetscht
4 la brújula: el compás
5 el laurel: algo como un premio para logros en el colegio
6 ser reacio/-a: estar en contra de algo, mostrar resistencia

Sin embargo, la tarde del sábado siguiente los niños invitaron a sus condiscípulos para subir el bote por las escaleras, y lograron llevarlo hasta el cuarto de servicio[1].

–Felicitaciones –les dijo el papá–, ¿Y ahora qué?

–Ahora nada –dijeron los niños–. Lo único que queríamos era   5
tener el bote en el cuarto, y ya está.

La noche del miércoles, como todos los miércoles, los padres se fueron al cine. Los niños, dueños y señores de la casa, cerraron puertas y ventanas, y rompieron la bombilla[2] encendida de una lámpara de la sala. Un chorro de luz dorada y fresca como el agua   10
empezó a salir de la bombilla rota, y lo dejaron correr hasta que el nivel llegó a cuatro palmos[3]. Entonces cortaron la corriente, sacaron el bote, y navegaron a placer por entre las islas de la casa.

Esta aventura fabulosa fue el resultado de una ligereza[4] mía cuando participaba en un seminario sobre la poesía de los utensilios   15
domésticos. Totó me preguntó cómo era que la luz se encendía con sólo apretar un botón, y yo no tuve el valor de pensarlo dos veces.

–La luz es como el agua –le contesté–: uno abre el grifo, y sale.

De modo que siguieron navegando los miércoles en la noche, aprendiendo el manejo del sextante y la brújula, hasta que los padres   20
regresaban del cine y los encontraban dormidos como ángeles de tierra firme. Meses después, ansiosos de ir más lejos, pidieron un equipo de pesca submarina. Con todo: máscaras, aletas[5], tanques[6] y escopetas de aire comprimido.

–Está mal que tengan en el cuarto de servicio un bote de remos   25
que no les sirve para nada –dijo el padre–. Pero está peor que quieran tener además equipos de buceo.

---

1   el cuarto de servicio: *hier* Abstellkammer, Hauswirtschaftsraum
2   la bombilla: Glühbirne
3   el palmo: una unidad de medida de profundidad de ~20cm
4   la ligereza: Leichtsinn, Leichtfertigkeit
5   las aletas: Flossen
6   el tanque: *hier* Sauerstoffflasche (zum Tauchen)

–¿Y si nos ganamos la gardenia de oro[1] del primer semestre? –dijo Joel.

–No –dijo la madre, asustada–. Ya no más.

El padre le reprochó su intransigencia[2].

5 –Es que estos niños no se ganan ni un clavo por cumplir con su deber –dijo ella–, pero por un capricho son capaces de ganarse hasta la silla del maestro.

Los padres no dijeron al fin ni que sí ni que no. Pero Totó y Joel, que habían sido los últimos en los dos años anteriores, se ganaron en
10 julio las dos gardenias de oro y el reconocimiento público del rector. Esa misma tarde, sin que hubieran vuelto a pedirlos, encontraron en el dormitorio los equipos de buzos en su empaque original. De modo que el miércoles siguiente, mientras los padres veían *El último tango en París*[3], llenaron el apartamento hasta la altura de
15 dos brazas[4], bucearon como tiburones mansos por debajo de los muebles y las camas, y rescataron[5] del fondo de la luz las cosas que durante años se habían perdido en la oscuridad.

En la premiación final los hermanos fueron aclamados como ejemplo para la escuela, y les dieron diplomas de excelencia. Esta
20 vez no tuvieron que pedir nada, porque los padres les preguntaron qué querían. Ellos fueron tan razonables, que sólo quisieron una fiesta en casa para agasajar[6] a los compañeros de curso.

El papá, a solas con su mujer, estaba radiante[7].

–Es una prueba de madurez –dijo.

25 –Dios te oiga –dijo la madre.

El miércoles siguiente, mientras los padres veían *La Batalla de Argel*[8], la gente que pasó por la Castellana vio una cascada de luz

---

1 la gardenia de oro: otro premio escolar para logros
2 la intransigencia: Unnachgiebigkeit
3 *El último tango en París:* película italiana de 1972
4 la braza: una unidad de medida de profundidad de ~1,80m
5 rescatar: recuperar
6 agasajar: hospedar, recibir
7 radiante: *aquí* feliz, contento/-a
8 *La Batalla de Argel:* película italo-argelina de 1966

que caía de un viejo edificio escondido entre los árboles. Salía por los balcones, se derramaba a raudales[1] por la fachada, y se encauzó[2] por la gran avenida en un torrente dorado que iluminó la ciudad hasta el Guadarrama[3].

Llamados de urgencia, los bomberos forzaron la puerta del 5 quinto piso, y encontraron la casa rebosada[4] de luz hasta el techo. El sofá y los sillones forrados en piel de leopardo flotaban en la sala a distintos niveles, entre las botellas del bar y el piano de cola[5] y su mantón de Manila[6] que aleteaba a media agua como una mantarraya de oro[7]. Los utensilios domésticos, en la plenitud de 10 su poesía, volaban con sus propias alas por el cielo de la cocina. Los instrumentos de la banda de guerra, que los niños usaban para bailar, flotaban al garete[8] entre los peces de colores liberados de la pecera de mamá, que eran los únicos que flotaban vivos y felices en la vasta ciénaga[9] iluminada. En el cuarto de baño flotaban los 15 cepillos de dientes de todos, los preservativos de papá, los pomos de cremas y la dentadura de repuesto de mamá, y el televisor de la alcoba principal[10] flotaba de costado, todavía encendido en el último episodio de la película de media noche prohibida para niños.

Al final del corredor, flotando entre dos aguas, Totó estaba 20 sentado en la popa del bote, aferrado a los remos y con la máscara puesta, buscando el faro del puerto hasta donde le alcanzó el aire de los tanques, y Joel flotaba en la proa buscando todavía la altura de la estrella polar con el sextante, y flotaban por toda la casa sus treinta y siete compañeros de clase, eternizados[11] en el instante 25

---

1 a raudales: abundantemente
2 encauzar: *aquí* dirigirse, encaminar
3 el Guadarrama: río al este de Madrid
4 rebosar: überlaufen
5 el piano de cola: Flügel (Musikinstrument)
6 el Mantón de Manila: lienzo cuadrado de seda decorado en colores vivos
7 la mantarraya: Riesenmanta oder Teufelsrochen
8 flotar al garete: *hier* treiben (im Wasser)
9 la ciénaga: Sumpf
10 la alcoba principal: el dormitorio de los padres
11 eternizado/-a: verewigt

de hacer pipí en la maceta de geranios, de cantar el himno de la escuela con la letra cambiada por versos de burla contra el rector, de beberse a escondidas un vaso de brandy de la botella de papá. Pues habían abierto tantas luces al mismo tiempo que la casa se
5 había rebosado, y todo el cuarto año elemental de la escuela de San Julián el Hospitalario se había ahogado en el piso quinto del número 47 del Paseo de la Castellana. En Madrid de España, una ciudad remota de veranos ardientes y vientos helados, sin mar ni río, y cuyos aborígenes de tierra firme nunca fueron maestros en la
10 ciencia de navegar en la luz.

De *Doce cuentos peregrinos* (1992)

Tareas

1. Divide el cuento en varias partes, dándoles subtítulos a cada parte, y después resume el cuento en tus propias palabras.
2. Describe lo fantástico en este cuento y explica de qué forma de lo fantástico se trata, p. ej. según la clasificación de Bioy Casares.
3. Explica la influencia del narrador en el desarrollo del cuento.
4. Explica por qué los hermanos les piden un bote de remos y un equipo de pesca submarina, aunque viven en el quinto piso de una casa en Madrid sin acceso al mar.
5. Explica por qué Totó y Joel al final del cuento son los únicos sobrevivientes, teniendo en cuenta la alusión que hace el narrador en la última frase pero también el poder de la imaginación.
6. Analiza el lenguaje utilizado para mostrar la similitud entre el agua y la luz eléctrica.

Julio Cortázar

Continuidad de los parques

Había empezado a leer la novela unos días antes. La abandonó por negocios urgentes, volvió a abrirla cuando regresaba en tren a la finca; se dejaba interesar lentamente por la trama, por el dibujo de los personajes. Esa tarde, después de escribir una carta a su apoderado[1] y discutir con el mayordomo[2] una cuestión de aparcerías[3], volvió 5 al libro en la tranquilidad del estudio que miraba hacia el parque de los robles. Arrellanado[4] en su sillón favorito, de espaldas a la puerta que lo hubiera molestado como una irritante posibilidad de intrusiones, dejó que su mano izquierda acariciara una y otra vez el terciopelo[5] verde y se puso a leer los últimos capítulos. Su 10 memoria retenía sin esfuerzo los nombres y las imágenes de los protagonistas; la ilusión novelesca lo ganó casi enseguida. Gozaba del placer casi perverso de irse desgajando[6] línea a línea de lo que lo rodeaba, y sentir a la vez que su cabeza descansaba cómodamente en el terciopelo del alto respaldo, que los cigarrillos seguían al 15 alcance de la mano, que más allá de los ventanales danzaba el aire del atardecer bajo los robles. Palabra a palabra, absorbido por la sórdida[7] disyuntiva[8] de los héroes, dejándose ir hacia las imágenes que se concertaban y adquirían color y movimiento, fue testigo del último encuentro en la cabaña del monte. Primero entraba la 20 mujer, recelosa[9]; ahora llegaba el amante, lastimada la cara por el

1   el/la apoderado/-a: Bevollmächtigte
2   el/la mayordomo/-a: Verwalter
3   la aparcería: Teilpacht
4   arrellanado/-a: sentado/-a cómodamente
5   el terciopelo: Samt
6   desgajar: apartarse, separarse
7   sórdido/-a: indecente, escandaloso/-a
8   la disyuntiva: la separación
9   receloso/-a: con miedo o escepticismo

chicotazo[1] de una rama. Admirablemente restañaba[2] ella la sangre con sus besos, pero él rechazaba las caricias, no había venido para repetir las ceremonias de una pasión secreta, protegida por un mundo de hojas secas y senderos furtivos[3]. El puñal[4] se entibiaba[5]
5 contra su pecho, y debajo latía la libertad agazapada[6]. Un diálogo anhelante[7] corría por las páginas como un arroyo de serpientes, y se sentía que todo estaba decidido desde siempre. Hasta esas caricias que enredaban el cuerpo del amante como queriendo retenerlo y disuadirlo, dibujaban abominablemente[8] la figura de otro cuerpo
10 que era necesario destruir. Nada había sido olvidado: coartadas[9], azares, posibles errores. A partir de esa hora cada instante tenía su empleo minuciosamente atribuido. El doble repaso despiadado[10] se interrumpía apenas para que una mano acariciara una mejilla. Empezaba a anochecer.

15 Sin mirarse ya, atados rígidamente a la tarea que los esperaba, se separaron en la puerta de la cabaña. Ella debía seguir por la senda que iba al norte. Desde la senda opuesta él se volvió un instante para verla correr con el pelo suelto. Corrió a su vez, parapetándose[11] en los árboles y los setos[12], hasta distinguir en la bruma malva[13] del
20 crepúsculo la alameda[14] que llevaba a la casa. Los perros no debían ladrar, y no ladraron. El mayordomo no estaría a esa hora, y no estaba. Subió los tres peldaños del porche y entró. Desde la sangre galopando en sus oídos le llegaban las palabras de la mujer: primero

1 el chicotazo: *Am.* el golpe
2 restañar la sangre: Blut stillen
3 los senderos furtivos: geheime, verborgene Pfade
4 el puñal: Dolch
5 entibiarse: sich abkühlen
6 agazabado/-a: escondido/-a
7 anhelante: mit Spannung erwartet
8 abominablemente: abscheulich
9 la coartada: Alibi
10 despiadado/-a: cruel, inhumano/-a
11 parapetarse: esconderse
12 el seto: Hecke
13 la bruma malva: leichter, blasslila Nebel
14 la alameda: una calle con árboles a ambos lados

una sala azul, después una galería, una escalera alfombrada. En lo alto, dos puertas. Nadie en la primera habitación, nadie en la segunda. La puerta del salón, y entonces el puñal en la mano, la luz de los ventanales, el alto respaldo de un sillón de terciopelo verde, la cabeza del hombre en el sillón leyendo una novela.   5

De *Final del juego* (1956)

Tareas

1. Resume el cuento en tus propias palabras.
2. Describe lo fantástico en este cuento y explica de qué forma de lo fantástico se trata, p. ej. según la clasificación de Bioy Casares.
3. Analiza el desarrollo de la trama sobre el lector y la forma en que se mezcla con la trama en la novela que lee.
4. Explica el título.
5. Compara el mundo del lector con el de los amantes.
6. Explica por qué el cuento tiene un fin abierto.

Julio Cortázar

El diario[1] a diario

Un señor toma un tranvía después de comprar el diario y ponérselo bajo el brazo. Media hora más tarde desciende con el mismo diario bajo el mismo brazo.

Pero ya no es el mismo diario, ahora es un montón de hojas
5 impresas[2] que el señor abandona en un banco de la plaza.

Apenas queda solo en el banco, el montón de hojas impresas se convierte otra vez en un diario, hasta que un muchacho lo ve, lo lee, y lo deja convertido en un montón de hojas impresas.

Apenas queda solo en el banco, el montón de hojas impresas se
10 convierte otra vez en un diario, hasta que una anciana lo encuentra, lo lee, y lo deja convertido en un montón de hojas impresas. Luego lo lleva a su casa y en el camino lo usa para empaquetar medio kilo de acelgas[3], que es para lo que sirven los diarios después de estas excitantes metamorfosis.

De *Historias de cronopios y de famas* (1962)

Tareas

1. Describe lo fantástico en este cuento y explica de qué forma de lo fantástico se trata, p. ej. según la clasificación de Bioy Casares.
2. Presenta otros objetos que podrían transformarse de semejante manera.
3. Inventa otros títulos para el cuento y justifica tus propuestas.

---

1 el diario: periódico publicado todos los días
2 impreso/-a → imprimir a/c: etwas drucken
3 la acelga: Mangold

Horacio Quiroga

El almohadón de plumas[1]

Su luna de miel fue un largo escalofrío[2]. Rubia, angelical[3] y tímida, el carácter duro de su marido heló sus soñadas niñerías[4] de novia. Lo quería mucho, sin embargo, a veces con un ligero estremecimiento[5] cuando volviendo de noche juntos por la calle, echaba una furtiva[6] mirada a la alta estatura de Jordán, mudo desde hacía una hora. Él, por su parte, la amaba profundamente, sin darlo a conocer.

Durante tres meses —se habían casado en abril— vivieron una dicha especial. Sin duda hubiera ella deseado menos severidad en ese rígido cielo de amor, más expansiva e incauta[7] ternura; pero el impasible semblante[8] de su marido la contenía siempre. La casa en que vivían influía un poco en sus estremecimientos. La blancura del patio silencioso —frisos, columnas y estatuas de mármol— producía una otoñal impresión de palacio encantado. Dentro, el brillo glacial del estuco, sin el más leve rasguño[9] en las altas paredes, afirmaba aquella sensación de desapacible[10] frío. Al cruzar de una pieza a otra, los pasos hallaban eco en toda la casa, como si un largo abandono hubiera sensibilizado su resonancia.

En ese extraño nido de amor[11], Alicia pasó todo el otoño. No obstante, había concluido por echar un velo[12] sobre sus antiguos

1 el almohadón de plumas: Federkissen
2 el escalofrío: Schauer, Schauder
3 angelical: como un ángel
4 la niñería: Kinderei
5 el estremecimiento: *hier* Erschaudern
6 furtivo/-a: heimlich
7 incauto/-a: unbedacht
8 el semblante: *hier* Miene, Gesichtsausdruck
9 el rasguño: Kratzer, Schramme
10 desapacible: ungemütlich, unangenehm
11 el nido de amor: Liebesnest
12 el velo: Schleier

sueños, y aún vivía dormida en la casa hostil, sin querer pensar en nada hasta que llegaba su marido.

No es raro que adelgazara[1]. Tuvo un ligero ataque de influenza que se arrastró insidiosamente[2] días y días; Alicia no se reponía
5   nunca. Al fin una tarde pudo salir al jardín apoyada en el brazo de él. Miraba indiferente a uno y otro lado. De pronto Jordán, con honda ternura, le pasó la mano por la cabeza, y Alicia rompió en seguida en sollozos, echándole los brazos al cuello. Lloró largamente todo su espanto[3] callado, redoblando el llanto a la menor tentativa[4] de
10   caricia[5]. Luego los sollozos fueron retardándose, y aún quedó largo rato escondida en su cuello, sin moverse ni decir una palabra.

Fue ese el último día que Alicia estuvo levantada. Al día siguiente amaneció desvanecida[6]. El médico de Jordán la examinó con suma atención, ordenándole calma y descanso absolutos.

15   —No sé —le dijo a Jordán en la puerta de calle, con la voz todavía baja—. Tiene una gran debilidad que no me explico, y sin vómitos, nada ... Si mañana se despierta como hoy, llámeme enseguida.

Al otro día Alicia seguía peor. Hubo consulta. Constatose una anemia de marcha agudísima[7], completamente inexplicable. Alicia
20   no tuvo más desmayos, pero se iba visiblemente a la muerte. Todo el día el dormitorio estaba con las luces prendidas y en pleno silencio. Pasábanse horas sin oír el menor ruido. Alicia dormitaba. Jordán vivía casi en la sala, también con toda la luz encendida. Paseábase sin cesar de un extremo a otro, con incansable obstinación[8]. La
25   alfombra ahogaba[9] sus pesos. A ratos entraba en el dormitorio y

---

1   adelgazar: perder peso, volverse más delgado/-a
2   insidiosamente: heimtückisch, hinterhältig
3   el espanto: Schrecken, Entsetzen
4   la tentativa: Versuch
5   la caricia: Zärtlichkeit, Liebkosung
6   desvanecido/-a: desmayado/-a; estar sin sentido
7   agudísimo/-a: *hier* akut
8   la obstinación: Hartnäckigkeit, Halsstarrigkeit
9   ahogar: *hier* ersticken

proseguía su mudo vaivén[1] a lo largo de la cama, mirando a su mujer cada vez que caminaba en su dirección.

Pronto Alicia comenzó a tener alucinaciones, confusas y flotantes al principio, y que descendieron luego a ras del suelo[2]. La joven, con los ojos desmesuradamente[3] abiertos, no hacía sino mirar la alfombra a uno y otro lado del respaldo[4] de la cama. Una noche se quedó de repente mirando fijamente. Al rato abrió la boca para gritar, y sus narices y labios se perlaron de sudor.

—¡Jordán! ¡Jordán! —clamó, rígida de espanto, sin dejar de mirar la alfombra.

Jordán corrió al dormitorio, y al verlo aparecer Alicia dio un alarido[5] de horror.

—¡Soy yo, Alicia, soy yo!

Alicia lo miró con extravío[6], miró la alfombra, volvió a mirarlo, y después de largo rato de estupefacta confrontación, se serenó. Sonrió y tomó entre las suyas la mano de su marido, acariciándola temblando. Entre sus alucinaciones más porfiadas[7], hubo un antropoide[8], apoyado en la alfombra sobre los dedos, que tenía fijos en ella los ojos.

Los médicos volvieron inútilmente. Había allí delante de ellos una vida que se acababa, desangrándose día a día, hora a hora, sin saber absolutamente cómo. En la última consulta Alicia yacía[9] en estupor[10] mientras ellos la pulsaban, pasándose de uno a otro la muñeca inerte. La observaron largo rato en silencio y siguieron al comedor.

---

1 el vaivén: Hin und Her
2 a ras del suelo: ebenerdig
3 desmesuradamente: riesig, übermäßig groß
4 el respaldo: *hier* Kopfteil
5 el alarido: el grito
6 con extravío: *hier* verloren, irre, verwirrt
7 porfiado/-a: hartnäckig
8 el antropoide: Anthropoide (Menschenaffe)
9 yacer: estar acostado/-a, p. ej. en la cama
10 el estupor: *hier* Benommenheit

—Pst... —se encogió de hombros desalentado su médico—. Es un caso serio... poco hay que hacer...

—¡Sólo eso me faltaba! —resopló Jordán. Y tamborileó bruscamente sobre la mesa.

5 Alicia fue extinguiéndose en su delirio de anemia, agravado de tarde, pero que remitía[1] siempre en las primeras horas. Durante el día no avanzaba su enfermedad, pero cada mañana amanecía lívida[2], en síncope[3] casi. Parecía que únicamente de noche se le fuera la vida en nuevas alas de sangre. Tenía siempre al despertar la 10 sensación de estar desplomada[4] en la cama con un millón de kilos encima. Desde el tercer día este hundimiento no la abandonó más. Apenas podía mover la cabeza. No quiso que le tocaran la cama, ni aún que le arreglaran el almohadón. Sus terrores crepusculares[5] avanzaron en forma de monstruos que se arrastraban hasta la cama 15 y trepaban[6] dificultosamente por la colcha[7].

Perdió luego el conocimiento. Los dos días finales deliró sin cesar a media voz. Las luces continuaban fúnebremente[8] encendidas en el dormitorio y la sala. En el silencio agónico[9] de la casa, no se oía más que el delirio monótono que salía de la cama, y el rumor ahogado de 20 los eternos pasos de Jordán.

Murió, por fin. La sirvienta, que entró después a deshacer la cama, sola ya, miró un rato extrañada el almohadón.

—¡Señor! —llamó a Jordán en voz baja—. En el almohadón hay manchas que parecen de sangre.

---

1 remitir: *hier* nachlassen
2 lívido/-a: intensamente pálido/-a
3 en síncope: *aquí* desmayado/-a
4 desplomarse: zusammensinken, zusammenbrechen
5 crepuscular: dämmerig, mit der Dämmerung zusammenhängend
6 trepar: klettern
7 la colcha: Tagesdecke
8 fúnebremente: tristemente, desgraciadamente
9 el silencio agónico: Totenstille

Jordán se acercó rápidamente y se dobló a su vez. Efectivamente, sobre la funda[1], a ambos lados del hueco que había dejado la cabeza de Alicia, se veían manchitas oscuras.

—Parecen picaduras[2] —murmuró la sirvienta después de un rato de inmóvil observación.   5

—Levántelo a la luz —le dijo Jordán.

La sirvienta lo levantó, pero enseguida lo dejó caer, y se quedó mirando a aquél, lívida y temblando. Sin saber por qué, Jordán sintió que los cabellos se le erizaban[3].

—¿Qué hay? — murmuró con la voz ronca.   10

—Pesa mucho —articuló la sirvienta, sin dejar de temblar.

Jordán lo levantó; pesaba extraordinariamente. Salieron con él, y sobre la mesa del comedor Jordán cortó funda y envoltura de un tajo[4]. Las plumas superiores volaron, y la sirvienta dio un grito de horror con toda la boca abierta, llevándose las manos crispadas a   15
los bandos: – sobre el fondo, entre las plumas, moviendo lentamente las patas velludas[5], había un animal monstruoso, una bola viviente y viscosa[6]. Estaba tan hinchado[7] que apenas se le pronunciaba la boca.

Noche a noche, desde que Alicia había caído en cama, había   20
aplicado sigilosamente[8] su boca —su trompa, mejor dicho— a las sienes[9] de aquélla, chupándole la sangre. La picadura era casi imperceptible. La remoción[10] diaria del almohadón había impedido sin duda su desarrollo, pero desde que la joven no pudo moverse, la succión fue vertiginosa[11]. En cinco días, en cinco noches, había   25

---

1   la funda: *hier* Bettbezug
2   la picadura: (Insekten-)Stich, Biss
3   los cabellos se le erizaban: die Haare standen ihm zu Berge
4   el tajo: Schnitt
5   velludo/-a: haarig, behaart
6   viscoso/-a: schleimig, glibberig
7   hinchado/-a: aufgequollen, aufgedunsen
8   sigilosamente: heimlich
9   la sien: Schläfe
10 la remoción: *hier* Aufschütteln
11 vertiginoso/-a: schwindelerregend, rasend

vaciado a Alicia. Estos parásitos de las aves, diminutos[1] en el medio habitual, llegan a adquirir en ciertas condiciones proporciones enormes. La sangre humana parece serles particularmente favorable, y no es raro hallarlos[2] en los almohadones de pluma.

De *Cuentos de amor, de locura y de muerte* (1917)

Tareas

1. Resume el cuento en tus propias palabras.
2. Describe lo fantástico en este cuento y explica de qué forma de lo fantástico se trata, p. ej. según la clasificación de Bioy Casares.
3. Analiza la atmósfera en la casa.
4. Expón con ejemplos del texto la relación entre Jordán y Alicia, teniendo en cuenta también la descripción de la casa.
5. Después del entierro, Jordán se pone a reflexionar sobre su matrimonio y la muerte de Alicia a causa del parásito.
   a. Redacta un monólogo interior.
   b. Toma apuntes y presenta el monólogo interior en clase.

---

1   diminuto/-a: muy pequeño/-a
2   hallar: encontrar

Mario Benedetti

Acaso[1] irreparable

Cuando los parlantes anunciaron que las Líneas Centro-americanas de Aviación postergaban[2] por veinticuatro horas su vuelo número 914, Sergio Rivera hizo un gesto de impaciencia. No ignoraba, por supuesto, la clásica argumentación: siempre es mejor una demora[3] impuesta por la prudencia[4] que una dificultad («acaso 5 irreparable») en pleno vuelo. De cualquier manera, esta demora complicaba bastante sus planes con respecto a la próxima escala, donde ya tenía citas concertadas para el siguiente mediodía.

Decidió autoimponerse[5] la resignación. La afelpada[6] voz femenina del parlante seguía diciendo ahora que la Compañía proporcionaría 10 vales a sus pasajeros para que cenaran, pernoctaran y desayunaran en el Hotel Internacional, cercano al Aeropuerto. Nunca había estado en este país eslavo[7] y no le habría desagradado conocerlo, pero por una sola noche (y aunque el Banco del aeropuerto estaba tendiendo a los pasajeros en tránsito) no iba a cambiar dólares. De 15 modo que fue hasta el mostrador de LCA, hizo cola para recibir los vales y decidió no pedir ni un solo extrà durante la cena.

Nevaba cuando el ómnibus los dejó frente al Hotel. Pensó que era la segunda vez que veía nieve. La otra había sido en Nueva York, en un repentino[8] viaje que debió realizar (al igual que éste, 20 por cuenta de la Sociedad Anónima[9]) hacía casi tres años. El frío

---

1 el acaso: la casualidad, el suceso imprevisto
2 postergar a/c: etwas verschieben
3 la demora: el retraso, la tardanza
4 la prudencia: la precaución
5 autoimponerse: forzarse a sí mismo
6 afelpado/-a: samtig
7 eslavo/-a: slawisch
8 repentino/-a: de repente, no previsto/-a
9 Sociedad Anónima (S. A.): Aktiengesellschaft

de dieciocho bajo cero, que primero arremetió contra sus orejas y luego lo sacudió[1] en un escalofrío integral, le hizo añorar la bufanda[2] azul que había dejado en el avión. Menos mal que las puertas de cristal se abrieron antes de que él las tocara, y de inmediato una
5 ola de calor lo reconfortó. Pensó que en ese momento le hubiera gustado tener cerca a Clara, su mujer, y a Eduardo, su hijo de cinco años. Después de todo, era un hombre de hogar.

En el restorán, vio que había mesas para dos, para cuatro y para seis. Él eligió una para dos, con la secreta esperanza de comer
10 solo y así poder leer con tranquilidad. Pero simultáneamente otro pasajero le preguntó: «¿Me permite?», y casi sin esperar respuesta se acomodó en el lugar libre.

El intruso era argentino y tenía un irrefrenable miedo a los aviones. «Hay quienes tienen sus amuletos —dijo—, sé de un amigo
15 que no sube a un avión si no lleva consigo cierto llavero[3] con una turquesa[4]. Sé de otro que viaja siempre con una vieja edición de *Martín Fierro*[5]. Yo mismo llevo conmigo, aquí están, ¿las ve?, dos monedillas japonesas que compré, no se ría, en el Barrio Chino de San Francisco. Pero a mí no hay amuleto que me serene[6] de veras.»
20 Rivera empezó contestando con monosílabos y leves gruñidos, pero a los diez minutos ya había renunciado a su lectura y estaba hablando de sus propios amuletos. «Mire, mi superstición acaba de sufrir la peor de las derrotas. Siempre llevaba esta Sheaffer´s[7] pero sin tinta, y había una doble razón: por un lado no corría el
25 riesgo de que me manchara el traje, y, por otro, presentía[8] que no me iba a pasar nada en ningún vuelo mientras la llevara así, vacía.

---

1 sacudir: *aquí* golpear, atacar
2 la bufanda: Schal
3 el llavero: Schlüsselanhänger
4 la turquesa: Türkis [Edelstein]
5 *Martín Fierro:* episches Gedicht des Argentiniers José Hernández aus dem Jahr 1872 über den Gaucho Martín Fierro, das als Nationalepos Argentiniens gilt
6 serenar a alg.: tranquilizar a alg.
7 Sheaffer: una marca de plumas
8 Presentir (e → ie): intuir o tener la impresión de que algo va a suceder

Pero en este viaje me olvidé de quitarle la tinta, y ya ve, pese a todo estoy vivo y coleando.» Le pareció que el otro lo miraba sin excesiva complicidad, y entonces se sintió obligado a agregar: «La verdad es que en el fondo soy un fatalista. Si a uno le llega la hora, da lo mismo un Boeing que la puntual maceta[1] que se derrumba sobre uno desde 5 un séptimo piso. «Sí —dijo el otro—, pero así y todo, prefiero la maceta. Puede darse el caso de que uno quede idiota, pero vivo.»

El argentino no terminó el postre («¿quién dijo que en Europa saben hacer el *mousse* de chocolate?») y se retiró a su habitación. Rivera ya no estaba en disposición de leer y encendió un cigarrillo 10 mientras dejaba que se asentara el café a la turca. Se quedó todavía un rato en el comedor, pero cuando vio que las mesas iban quedando vacías, se levantó rápidamente para no quedar último y se fue a su pieza, en el segundo piso. El pijama estaba en la valija, que había quedado en el avión, así que se acostó en calzoncillos. Leyó un buen 15 rato, pero Agatha Christie[2] despejó[3] su enigma mucho antes de que a él le viniera el sueño. Como señalahojas usaba una foto de su hijo. Desde una lejana duna de El Pinar[4], con un baldecito[5] en la mano y mostrando el ombligo, Eduardo sonreía, y él, contagiado[6], también sonrió. Después apagó la veladora[7] y encendió la radio, pero la 20 enfática voz hablaba una lengua endiablada, así que también la apagó.

Cuando sonó el teléfono, su brazo tanteó unos segundos antes de hallar el tubo[8]. Una voz en inglés dijo que eran las ocho y buenos días y que los pasajeros correspondientes al vuelo 914 de LCA serían 25 recogidos en la puerta del Hotel a las nueve y treinta, ya que la salida del avión estaba anunciada «en principio» para las once y media.

1   la maceta: Blumentopf
2   Agatha Christie (1890–1976): escritora y dramaturga británica especializada
      en el género policial
3   despejar un enigma: ein Rätsel aufklären, lösen
4   El Pinar: barrio costeño en Ciudad de la Costa, Uruguay
5   el baldecito: Eimer
6   contagiar: anstecken
7   la veladora: *Am.* la lámpara
8   el tubo: *hier* Telefonhörer

Había tiempo, pues, para bañarse y desayunar. Le molestó tener que usar, después de la ducha, la misma ropa interior que traía puesta desde Montevideo. Mientras se afeitaba, estuvo pensando cómo se las arreglaría para intercalar el resto de la semana las entrevistas
5 no cumplidas. «Hoy es martes 5», se dijo. Llegó a la conclusión de que no tenía más remedio que establecer un orden de prioridades. Así lo hizo. Recordó las últimas instrucciones del Presidente del Directorio («no se olvide, Rivera, que su próximo ascenso depende de cómo le vaya en su conversación con la gente de Sapex») y decidió
10 que postergaría varias entrevistas secundarias para poder dedicar íntegramente la tarde del miércoles a los cordiales[1] mercaderes[2] de Sapex, quienes, a la noche, quizá lo llevaran a aquel cabaret cuyo striptease tanto había impresionado, dos años atrás, al flaco Pereyra.

Desayunó sin compañía, y a las nueve y media, exactamente, el
15 ómnibus se detuvo frente al Hotel. Nevaba aún más intensamente que la víspera, y en la calle el frío era casi insoportable. En el aeropuerto, se acercó a uno de los amplios ventanales y miró, no sin resentimiento, cómo el avión de LCA era atendido por toda una cuadrilla de hombres en mameluco[3] gris. Eran las doce y quince
20 cuando la voz del parlante anunció que el vuelo 914 de LCA sufría una nueva postergación, probablemente de tres horas, y que la Compañía proporcionaría vales a sus pasajeros para almorzar en el restorán del aeropuerto.

Rivera sintió que lo invadía un vaho[4] de escepticismo. Como
25 siempre que se ponía nervioso, eructó[5] dos veces seguidas y registró una extraña presión en las mandíbulas[6]. Luego fue a hacer cola frente al mostrador de LCA. A las quince y treinta, la voz agorera[7] dijo, con envidiable calma, que «debido a desperfectos técnicos,

---

1 cordial: afectuoso/-a, entrañable
2 el/la mercader: Händler, Kaufmann
3 el mameluco: *hier* Overall
4 el vaho: Nebel, Dunst
5 eructar: rülpsen
6 la mandíbula: Kiefer, Kieferknochen
7 agorero/-a: düster

LCA había resuelto postergar su vuelo 914 hasta mañana, a las doce y treinta». Por primera vez, se escuchó un murmullo, de entonación algo agresiva.

El adiestrado[1] oído de Rivera registró palabras como «intolerable», «una vergüenza», «qué falta de consideración». Varios niños 5 comenzaron a llorar y uno de los llantos fue bruscamente cortado por una bofetada histérica. El argentino miró desde lejos a Rivera y movió la cabeza y los labios, como diciendo: «¿Qué me cuenta?» Una mujer, a su izquierda, comentó sin esperanza: «Si por lo menos nos devolvieran el equipaje.» 10

Rivera sintió que la indignación le subía a la garganta cuando el parlante anunció que en el mostrador de LCA el personal estaba entregando vales para la cena, la habitación y el desayuno, todo por gentileza de la Compañía. La pobre muchacha que proporcionaba los vales debía sostener una estúpida e inútil discusión con cada 15 uno de los pasajeros. Rivera consideró más digno recibir el vale con una sonrisa de irónico menosprecio. Le pareció que, con una ojeada fugaz, la muchacha agradecía su discreto estilo de represalia.

En esta ocasión, Rivera llegó a la conclusión de que su odio se había vuelto comunicativo y se sentó a cenar en una mesa de 20 cuatro. «Fusilarlos es poco», dijo, en plena masticación, una señora de tímida y algo ladeada[2] peluca[3]. El caballero que Rivera tenía enfrente abrió lentamente el pañuelo para sonarse; luego tomó la servilleta y se limpió el bigote. «Yo creo que podrían transferirnos a otra compañía», insistió la señora. «Somos demasiada gente», dijo 25 el hombre del pañuelo y la servilleta. Rivera aventuró una opinión marginal: «Es el inconveniente[4] de volar en invierno», pero de inmediato se dio cuenta de que se había salido de la hipótesis del trabajo. A ella, por supuesto, se le hizo agua la boca[5]: «Que yo sepa, la Compañía no ha hecho ninguna referencia al mal tiempo. ¿Acaso 30

---

1   adiestrado/-a: geschult
2   ladeado/-a: gekippt
3   la peluca: Perücke
4   el inconveniente: Nachteil
5   hacerse agua la boca: *fig. hier* aufgeregt, angespannt sein,

usted no cree que se trata de una falla mecánica?» Por primera vez
se escuchó la voz (ronca, con fuerte acento germánico) del cuarto
comensal[1]: «Una de las azafatas[2] explicó que se trataba de un
inconveniente en el aparato de radio.» «Bueno —admitió Rivera—,
5 si es así, la demora parece explicable, ¿no?»

Allá, en el otro extremo del restorán, el argentino hacía grandes
gestos, que Rivera interpretó como progresivamente insultantes
para la Compañía. Después del café, Rivera fue a sentarse frente
a los ascensores. En el salón del séptimo piso debía haber alguna
10 reunión con baile, ya que de la calle entraba mucha gente. Después
de dejar en el guardarropa todo un cargamento de abrigos,
sombreros y bufandas, esperaban el ascensor unos jovencitos
elegantemente vestidos de oscuro y unas muchachas muy frescas
y vistosas[3]. A veces bajaban otras parejas por la escalera hablando y
15 riendo, y Rivera lamentaba no saber qué broma estarían festejando.
De pronto se sintió estúpidamente solo, con ganas de que alguna
de aquellas parejitas se le acercara a pedirle fuego, o a tomarle el
pelo, o a hacerle una pregunta absurda en ese imposible idioma
que al parecer tenía (¿quién lo hubiera creído?) sitio para el humor.
20 Pero nadie se detuvo siquiera a mirarlo. Todos estaban demasiado
entretenidos en su propio lenguaje cifrado, en su particular y alegre
distensión[4].

Deprimido y molesto consigo mismo, Rivera subió a su
habitación, que esta vez estaba en el octavo piso. Se desnudó, se
25 metió en la cama, y preparó un papel para rehacer el programa de
entrevistas. Anotó tres nombres: Kornfeld, Brunell, Fried. Quiso
anotar el cuarto y no pudo. Se le había borrado por completo.
Sólo recordó que empezaba con E. Le fastidió tanto esa repentina
laguna[5] que decidió apagar la luz y trató de dormirse. Durante largo

1 el comensal: cada una de las personas que comen en una misma mesa
2 la azafata: Flugbegleiterin
3 vistoso/-a: prächtig, auffallend
4 la distensión: *hier* aufgelockerte Stimmung
5 la laguna: *aquí* olvido, fallo de la memoria

rato estuvo convencido de que ésta iba a ser una de esas nefastas[1]
noches de insomnio que años atrás habían sido su tormento. Una
segunda Agatha Christie había quedado en el avión. Estuvo un rato
pensando en su hijo, y de pronto, con cierto estupor, advirtió que
hacía por lo menos veinticuatro horas que no se acordaba de su   5
mujer. Cerró los ojos para imponerse el sueño. Hubiera jurado que
sólo habían pasado tres minutos cuando, seis horas después, sonó
el teléfono y alguien le anunció, siempre en inglés, que el ómnibus
los recogería a las doce y quince para llevarlos al aeropuerto. Le
daba tanta rabia no poder cambiarse de ropa interior, que decidió   10
no bañarse. Incluso tuvo que hacer un esfuerzo para lavarse los
dientes. En cambio, tomó el desayuno alegremente. Sintió un placer
extraño, totalmente desconocido para él, cuando sacó del bolsillo el
vale de la Compañía y lo dejó bajo la azucarera floreada.

En el aeropuerto, después de almorzar por cuenta de LCA, se   15
sentó en un amplio sofá que, como estaba junto a la entrada de
los lavabos, nadie se decidía a ocupar. De pronto se dio cuenta de
que una niña (rubia, cinco años, pecosa[2], con muñeca) se había
detenido junto a él y lo miraba. «¿Cómo te llamas?», preguntó ella
en un alemán deliciosamente rudimentario. Rivera decidió que   20
presentarse como Sergio era lo mismo que nada, y entonces inventó:
«Karl.» «Ah —dijo ella—, yo me llamo Gertrud.» Rivera retribuyó
atenciones: «¿Y tu muñeca?» «Ella se llama Lotte», dijo Gertrud.

Otra niña (también rubia, tal vez cuatro años, asimismo con
muñeca) se había acercado. Preguntó en francés a la alemancita: 25
«¿Tu muñeca cierra los ojos?» Rivera tradujo la pregunta al alemán,
y luego la correspondiente respuesta al francés. Sí, Lotte cerraba los
ojos. Pronto pudo saberse que la francesita se llamaba Madeleine,
y su muñeca, Yvette. Rivera tuvo que explicarle concienzudamente
a Gertrud que Yvette cerraba los ojos y además decía mamá. La   30
conversación tocó luego temas tan variados como el chocolate, los

---

1   nefasto/-a: unheilvoll, verhängnisvoll, schlimm
2   pecoso/-a: sommersprossig

payasos y los sendos[1] papás. Rivera trabajó un cuarto de hora como intérprete simultáneo, pero las dos criaturas no le daban ninguna importancia. Mentalmente, comparó a las rubiecitas con su hijo y reconoció objetivamente que Eduardo no salía malparado[2]. Respiró
5 satisfecho.

De pronto Madeleine extendió su mano hacia Gertrud, y ésta, como primera reacción, retiró la suya. Luego pareció reflexionar y la entregó. Los ojos azules de la alemancita brillaron, y Madeleine dio un gritito de satisfacción. Evidentemente, de ahora en adelante
10 ya no hacía falta ningún intérprete, y las dueñas de Lotte e Yvette se alejaron, tomadas de la mano, sin despedirse siquiera de quien tanto había hecho por ellas.

«LCA informa —anunció la voz del parlante, menos suave que la de la víspera[3] pero creando de todos modos un silencio cargado
15 de expectativas—, que no habiendo podido solucionar aún los desperfectos técnicos, ha resuelto cancelar su vuelo 914 hasta mañana, en hora a determinar[4].»

Rivera se sorprendió a sí mismo corriendo hacia el mostrador para conseguir un buen lugar en la cola de los aspirantes a vales de
20 cena, habitación y desayuno. No obstante, debió conformarse con un octavo puesto. Cuando la empleada de la Compañía le extendió el ya conocido papelito, Rivera tuvo la sensación de que había logrado un avance, tal vez algo parecido a un ascenso en la Sociedad Anónima, o a un examen salvado, o a la simple certidumbre[5] del
25 abrigo, la protección, la seguridad.

Estaba terminando de cenar en el hotel de siempre (una cena que había incluido una estupenda crema de espárragos, más Wienerschnitzel, más fresas con crema, todo ello acompañado por la mejor cerveza de que tenía memoria) cuando advirtió que
30 su alegría era decididamente inexplicable. Otras veinticuatro horas

1 sendos: jeweilig/-e
2 salir malparado/-a: *fam.* schlecht wegkommen
3 la víspera: la noche o el día anterior
4 en hora a determinar: a una hora que aún hay que fijar
5 la certidumbre: Gewissheit, Sicherheit

de atraso significaban lisa y llanamente[1] la eliminación de varias entrevistas y, en consecuencia, de otros tantos acuerdos. Conversó un rato con el argentino de la primera noche, pero para éste no había otro tema que el peligro peronista[2]. La cuestión no era para Rivera demasiado apasionante, de modo que alegó[3] una inexplicable fatiga 5 y se retiró a su pieza, ahora en el quinto.

Cuando quiso reorganizar la nómina de entrevistas a cumplir, se encontró con que se acordaba solamente de dos nombres: Fried y Brunell. Esta vez el olvido le causó tanta gracia que la solitaria carcajada sacudió[4] la cama y le extrañó que en la habitación 10 vecina nadie reclamara silencio. Se tranquilizó pensando que en algún lugar de la valija que estaba en el avión, había una libretita con todos los nombres, direcciones y teléfonos. Se dio vuelta bajo aquellas extrañas sábanas con botones y acolchado, y experimentó un bienestar semejante a cuando era niño y, después de una jornada 15 invernal, se arrollaba bajo las frazadas[5]. Antes de dormirse, se detuvo un instante en la imagen de Eduardo (inmovilizada en la foto de las dunas, con el baldecito en la mano) pero la creciente modorra[6] le impidió advertir que no se acordaba de Clara.

A la mañana siguiente, miró casi con cariño su muda[7] ya 20 francamente sucia, por lo menos en los bordes del calzoncillo y en los tirantes de la camiseta. Se lavó tímidamente los ojos, pero casi en seguida tomó la atrevida[8] decisión de no cepillarse los dientes. Volvió a meterse en la cama hasta que el teléfono dio su cotidiano alerta. Luego, mientras se vestía, consagró cinco minutos a reconocer 25 la bondad de la Compañía que financiaba tan generosamente la

---

1   lisa y llanamente: *etwa* schlicht und ergreifend
2   peronista: a/c que tiene que ver con el peronismo; un movimiento político fundado en Argentina en los años 40 del siglo XX por Juan Domingo Perón, buscando una alternativa al capitalismo y al socialismo.
3   alegar: geltend machen, vorbringen
4   sacudir a/c: etw. erschüttern
5   la frazada: una manta para abrigarse en la cama
6   la modorra: la gana de dormir
7   la muda: un conjunto de ropa, especialmente la ropa interior
8   atrevido/-a: wagemutig, kühn

involuntaria demora de sus pasajeros. «Siempre viajaré por LCA», murmuró en voz alta, y los ojos se le llenaron de lágrimas. Por esa razón tuvo que cerrarlos y cuando los abrió, lo primero que distinguió fue un almanaque[1] en el que no había reparado. En vez
5 de jueves 7, marcaba miércoles 11. Sacó la cuenta con los dedos, y decidió que esa hoja debía pertenecer a otro mes, o a otro año. En ese momento opinó mal de la rutina burocrática en los estados socialistas. Luego se levantó, desayunó, tomó el ómnibus.

Esta vez sí había agitación en el aeropuerto. Dos matrimonios,
10 uno chileno y otro español, protestaban ruidosamente por las sucesivas demoras y sostenían que, desde el momento que ellos viajaban con un niño y una niña respectivamente, ambos de pocos meses, la Compañía debería ocuparse de conseguirles los pañales[2] pertinentes[3], o en su defecto[4] facilitarles las valijas que seguían en
15 el avión inmóvil. La empleada que atendía el mostrador de LCA se limitaba a responder, con una monotonía predominantemente defensiva, que las autoridades de la Compañía tratarían de solucionar, dentro de lo posible, los problemas particulares que originaba la involuntaria demora.

20 Involuntaria demora. Demora involuntaria. Sergio escuchó esas dos palabras y se sintió renacer. Quizá era eso lo que siempre había buscado en su vida (que había sido todo lo contrario: urgencia involuntaria, prisa deliberada, apuro, siempre apuro). Recorrió con la vista los letreros del aeropuerto en lenguas varias: Sortie, Arrivals,
25 Ausgang, Douane, Departures, Cambio, Herren, Change, Ladies, Verboten, Transit, Snack Bar. Algo así como su hogar.

De vez en cuando una voz, siempre femenina, anunciaba la llegada de un avión, la partida de otro. Nunca, por supuesto, del vuelo 914 de LCA, cuyo paralizado, invicto avión, seguía en la pista,
30 cada vez más rodeado de mecánicos en *overalls*, largas mangueras,

---

1 el almanaque: el calendario
2 el pañal: Windel
3 pertinente: importante, relevante
4 en defecto de a/c: a falta de a/c

jeeps que iban y venían trayendo o llevando nuevos operarios, o tornillos, u órdenes.

«Sabotaje, esto es sabotaje», pasó diciendo un italiano enorme que viajaba en primera. Rivera tomó sus precauciones y se acercó al mostrador de LCA. De ese modo, cuando el parlante anunciara la nueva demora involuntaria, él estaría en el primer sitio para recoger el vale correspondiente a cena, habitación y desayuno.

Gertrud y Madeleine pasaron junto a Rivera, tomadas de la mano y ya sin muñecas. Las chiquilinas (¿serían las mismas, u otras muy semejantes?, estas rubiecitas europeas son todas iguales) parecían tan conformes como él con la demora involuntaria. Rivera pensó que ya no habría ninguna entrevista, ni siquiera con la gente de ¿cómo era? Se probó a sí mismo tratando de recordar algún nombre, uno solo, y se entusiasmó[1] como nunca cuando verificó que ya no recordaba ninguno.

También esta vez se encontró con un almanaque frente a él, pero la fecha que marcaba (lunes 7) era tan descabellada[2], que decidió no darle importancia. Fue precisamente en ese instante que entraron en el vasto hall del aeropuerto todos los pasajeros de un avión recién llegado. Rivera vio al muchacho, y sintió que lo envolvía una sensación de antiguo y conocido afecto. Sin embargo, el adolescente pasó junto a él, sin mirarlo siquiera. Venía conversando con una chica de pantalones de pana[3] verde y botitas negras. El muchacho fue hasta el mostrador y trajo dos jugos de naranja. Rivera, como hipnotizado, se sentó en un sofá vecino.

«Dice mi hermano que aquí estaremos más o menos una hora», dijo la chica. Él se limpió los labios con el pañuelo. «Estoy deseando llegar.» «Yo también», dijo ella. «A ver si escribís[4]. Quién te dice, a lo mejor nos vemos. Después de todo, estaremos cerca.» «Vamos a anotar ahora mismo las direcciones», dijo ella.

---

1   entusiasmar a alg.: jdn. begeistern
2   descabellado/-a: abwegig, absurd, verrückt
3   los pantalones de pana: Cordhose
4   escribís: conjugación voseante (perteneciente al pronombre *vos*)

El muchacho empuñó[1] un bolígrafo, y ella abrió una libretita roja. A dos metros escasos de la pareja, Sergio Rivera estaba inmóvil, con los labios apretados.

«Anota —dijo la muchacha—, María Elena Suárez, Königstrasse 21, Nuremberg. ¿Y vos?» «Eduardo Rivera, Lagergasse 9, Viena III.» «¿Y cuánto tiempo vas a estar?» «Por ahora, un año», dijo él. «Qué feliz, che . ¿Y tu viejo no protesta?»

El muchacho empezó a decir algo. Desde su sitio no pudo entender las palabras porque en ese preciso instante el parlante (la misma voz femenina de siempre, aunque ahora extrañamente cascada[2]) informaba: «LCA comunica que, en razón de desperfectos técnicos, ha resuelto cancelar su vuelo 914 hasta mañana, en hora por determinar.»

Sólo cuando el anuncio llegó a su término, la voz del adolescente fue otra vez audible para Sergio: «Además, no es mi viejo sino mi padrastro. Mi padre murió hace años, ¿sabés[3]?, en un accidente de aviación.»

De *La muerte y otras sorpresas* (1968)

Tareas

1. Resume el cuento en tus propias palabras.
2. Basándote sólo en los primeros ocho párrafos del cuento, caracteriza a Sergio Rivera.
3. Analiza el desarrollo de Rivera, sus sentimientos y su comportamiento a lo largo del cuento.
4. Describe lo fantástico en este cuento y explica de qué forma de lo fantástico se trata, p. ej. según la clasificación de Bioy Casares.
5. El narrador alude varias veces a que algo extraño está pasando a Rivera. Expón los acontecimientos que, sabiendo que se trata de un cuento fantástico, ya te indican que algo raro está pasando.

---

1 empuñar: tomar
2 cascado/-a: dicho de una voz que carece de fuerza o sonoridad
3 sabés: conjugación voseante (perteneciente al pronombre *vos*)

Mario Benedetti

El Otro Yo

Se trataba de un muchacho corriente: en los pantalones se le formaban rodilleras[1], leía historietas[2], hacía ruido cuando comía, se metía los dedos a la nariz, roncaba en la siesta, se llamaba Armando. Corriente en todo, menos en una cosa: tenía Otro Yo.

El Otro Yo usaba cierta poesía en la mirada, se enamoraba 5 de las actrices, mentía cautelosamente[3], se emocionaba en los atardeceres. Al muchacho le preocupaba mucho su Otro Yo y le hacía sentirse incómodo frente a sus amigos. Por otra parte, el Otro Yo era melancólico y, debido a ello, Armando no podía ser tan vulgar como era su deseo. 10

Una tarde Armando llegó cansado del trabajo, se quitó los zapatos, movió lentamente los dedos de los pies y encendió la radio. En la radio estaba Mozart, pero el muchacho se durmió. Cuando despertó el Otro Yo lloraba con desconsuelo[4]. En el primer momento, el muchacho no supo qué hacer, pero después se rehízo[5] 15 e insultó concienzudamente[6] al Otro Yo. Éste no dijo nada, pero a la mañana siguiente se había suicidado.

Al principio la muerte del Otro Yo fue un rudo golpe[7] para el pobre Armando, pero enseguida pensó que ahora sí podría ser enteramente vulgar. Ese pensamiento lo reconfortó. 20

1   las rodilleras: *aquí* una deformación en los pantalones en la parte que cae
    sobre las rodillas
2   las historietas: Comics
3   cautelosamente: con cuidado
4   el desconsuelo: Trostlosigkeit, Trübsal
5   rehacerse: recuperar sus fuerzas
6   concienzudamente: gewissenhaft
7   el rudo golpe: *fig.* schwerer Schlag

Sólo llevaba cinco días de luto[1], cuando salió a la calle con el propósito de lucir[2] su nueva y completa vulgaridad. Desde lejos vio que se acercaban sus amigos. Eso le llenó de felicidad e inmediatamente estalló en risotadas[3]. Sin embargo, cuando pasaron
5 junto a él, ellos no notaron su presencia. Para peor de males, el muchacho alcanzó a escuchar que comentaban: «Pobre Armando. Y pensar que parecía tan fuerte, tan saludable».

El muchacho no tuvo más remedio que dejar de reír, y, al mismo tiempo, sintió a la altura del esternón[4] un ahogo[5] que se parecía
10 bastante a la nostalgia. Pero no pudo sentir auténtica melancolía, porque toda la melancolía se la había llevado el Otro Yo.

De *La muerte y otras sorpresas* (1968)

Tareas

1. Resume el cuento en tus propias palabras.
2. Describe lo fantástico en este cuento y explica de qué forma de lo fantástico se trata, p. ej. según la clasificación de Bioy Casares.
3. Identifica y explica el momento crucial, el momento sorprendente del cuento.
4. Compara a Armando y su Otro Yo y explica por qué a Armando «le preocupaba mucho su Otro Yo y le hacía sentirse incómodo frente a sus amigos».
5. En su blog literario donde presenta y discute también el cuento «El otro yo» la bloguera pregunta a sus lectores. «¿Pensáis que cada ser humano tiene su Otro Yo?» Escribe una respuesta en el blog y justifica tu opinión.

---

1 los días de luto: los días después de la muerte de otra persona durante las cuales se piensa con tristeza en la persona
2 lucir: *fig.* llevar a la vista, exhibir lo que alg. se ha puesto, normalmente como adorno
3 la risotada: la carcajada, la risa ruidosa
4 el esternón: Brustbein
5 el ahogo: *hier* Beklemmen

Julio Cortázar

Casa tomada[1]

Nos gustaba la casa porque aparte de espaciosa y antigua (hoy que las casas antiguas sucumben[2] a la más ventajosa[3] liquidación de sus materiales) guardaba los recuerdos de nuestros bisabuelos, el abuelo paterno, nuestros padres y toda la infancia.

Nos habituamos[4] Irene y yo a persistir solos en ella, lo que era una 5 locura pues en esa casa podían vivir ocho personas sin estorbarse[5]. Hacíamos la limpieza por la mañana, levantándonos a la siete, y a eso de las once yo le dejaba a Irene las últimas habitaciones por repasar y me iba a la cocina. Almorzábamos a mediodía, siempre puntuales; ya no quedaba nada por hacer fuera de unos pocos 10 platos sucios. Nos resultaba grato[6] almorzar pensando en la casa profunda y silenciosa y cómo nos bastábamos para mantenerla limpia. A veces llegamos a creer que era ella la que no nos dejó casarnos. Irene rechazó dos pretendientes[7] sin mayor motivo, a mí se me murió María Esther antes que llegáramos a comprometernos[8]. 15 Entramos en los cuarenta años con la inexpresada idea de que el nuestro, simple y silencioso matrimonio de hermanos, era necesaria clausura de la genealogía asentada por los bisabuelos en nuestra casa. Nos moriríamos allí algún día, vagos y esquivos[9] primos se quedarían con la casa y la echarían al suelo[10] para enriquecerse con 20

1 tomar a/c: *hier* etw. besetzen
2 sucumbir: erliegen, unterliegen
3 ventajoso/-a: *hier* gewinnbringend
4 habituarse a a/c: sich an etwas gewöhnen
5 estorbar a alg.: molestar a alg.
6 grato/-a: agradable, gustoso/-a
7 el/la pretendiente: una persona que quiere casarse con alg.
8 comprometerse: *hier* sich verloben
9 esquivo/-a: abweisend, reserviert
10 echar a/c al suelo: etw. niederreißen

el terreno y los ladrillos[1]; o mejor, nosotros mismos la voltearíamos[2] justicieramente[3] antes de que fuese demasiado tarde.

Irene era una chica nacida para no molestar a nadie. Aparte de su actividad matinal[4] se pasaba el resto del día tejiendo[5] en el sofá
5 de su dormitorio. No sé por qué tejía tanto, yo creo que las mujeres tejen cuando han encontrado en esa labor el gran pretexto para no hacer nada. Irene no era así, tejía cosas siempre necesarias, tricotas para el invierno, medias para mí, mañanitas[6] y chalecos[7] para ella. A veces tejía un chaleco y después lo destejía en un momento porque
10 algo no le agradaba; era gracioso ver en la canastilla el montón de lana encrespada[8] resistiéndose a perder su forma de algunas horas. Los sábados iba yo al centro a comprarle lana; Irene tenía fe en mi gusto, se complacía con los colores y nunca tuve que devolver madejas[9]. Yo aprovechaba esas salidas para dar una vuelta por las
15 librerías y preguntar vanamente[10] si había novedades en literatura francesa. Desde 1939 no llegaba nada valioso a la Argentina.

Pero es de la casa que me interesa hablar, de la casa y de Irene, porque yo no tengo importancia. Me pregunto qué hubiera hecho Irene sin el tejido. Uno puede releer un libro, pero cuando un
20 pulóver está terminado no se puede repetirlo sin escándalo. Un día encontré el cajón de abajo de la cómoda de alcanfor lleno de pañoletas[11] blancas, verdes, lila. Estaban con naftalina, apiladas[12] como en una mercería[13]; no tuve valor de preguntarle a Irene qué

---

1 el ladrillo: Ziegelstein
2 voltear: *Am.* echar al suelo
3 justicieramente: *etwa* um der Gerechtigkeit Willen
4 matinal: por la mañana
5 tejer: weben, flechten, *hier* stricken
6 la mañanita: Bettjacke, ein Poncho-ähnlicher Überwurf
7 el chaleco: Weste
8 encrespado/-a: kraus, gekräuselt
9 la madeja: Wollknäuel
10 vanamente: vergeblich, umsonst
11 la pañoleta: Halstuch
12 apilado/-a: gestapelt
13 la mercería: tienda donde se vende pañoletas, botones, cintas

pensaba hacer con ellas. No necesitábamos ganarnos la vida[1], todos los meses llegaba la plata[2] de los campos y el dinero aumentaba. Pero a Irene solamente la entretenía el tejido, mostraba una destreza maravillosa y a mí se me iban las horas viéndole las manos como erizos[3] plateados, agujas[4] yendo y viniendo y una o dos canastillas en el suelo donde se agitaban constantemente los ovillos[5]. Era hermoso.

Cómo no acordarme de la distribución de la casa. El comedor, una sala con gobelinos, la biblioteca y tres dormitorios grandes quedaban en la parte más retirada, la que mira hacia Rodríguez Peña[6]. Solamente un pasillo con su maciza[7] puerta de roble[8] aislaba esa parte del ala delantera donde había un baño, la cocina, nuestros dormitorios y el living central, al cual comunicaban los dormitorios y el pasillo. Se entraba a la casa por un zaguán con mayólica[9], y la puerta cancel[10] daba al living. De manera que uno entraba por el zaguán, abría la cancel y pasaba al living; tenía a los lados las puertas de nuestros dormitorios, y al frente el pasillo que conducía a la parte más retirada; avanzando por el pasillo se franqueaba[11] la puerta de roble y más allá empezaba el otro lado de la casa, o bien se podía girar a la izquierda justamente antes de la puerta y seguir por un pasillo más estrecho que llevaba a la cocina y al baño. Cuando la puerta estaba abierta advertía uno que la casa era muy grande; si no, daba la impresión de un departamento de los que se edifican ahora, apenas para moverse; Irene y yo vivíamos siempre en esta

---

1   ganarse la vida: *aquí* trabajar para ganar dinero
2   la plata: *Am.* el dinero
3   el erizo: Igel
4   la aguja: (Strick-)Nadel
5   el ovillo: Knäuel
6   Rodríguez Peña: una calle en el centro de Buenos Aires
7   macizo/-a: masivo/-a
8   el roble: Eiche
9   el zaguán con mayólica: Vorhalle mit Majolika (Keramik)
10   la puerta cancel: Innentür (häufig aus Metallstreben bestehend oder mit Glaselementen verzierte Holztür), Windfang
11   franquear: pasar de un lado a otro a través de a/c

parte de la casa, casi nunca íbamos más allá de la puerta de roble, salvo para hacer la limpieza, pues es increíble cómo se junta tierra en los muebles. Buenos Aires será una ciudad limpia, pero eso lo debe a sus habitantes y no a otra cosa. Hay demasiada tierra en el
5 aire, apenas sopla[1] una ráfaga[2] se palpa[3] el polvo en los mármoles de las consolas y entre los rombos de las carpetas de macramé; da trabajo sacarlo bien con plumero[4], vuela y se suspende en el aire, un momento después se deposita de nuevo en los muebles y los pianos.

Lo recordaré siempre con claridad porque fue simple y sin
10 circunstancias inútiles. Irene estaba tejiendo en su dormitorio, eran las ocho de la noche y de repente se me ocurrió poner al fuego la pavita[5] del mate. Fui por el pasillo hasta enfrentar la entornada[6] puerta de roble, y daba la vuelta al codo[7] que llevaba a la cocina cuando escuché algo en el comedor o la biblioteca. El sonido venía
15 impreciso y sordo, como un volcarse[8] de silla sobre la alfombra o un ahogado susurro[9] de conversación. También lo oí, al mismo tiempo o un segundo después, en el fondo del pasillo que traía desde aquellas piezas hasta la puerta. Me tiré contra la puerta antes de que fuera demasiado tarde, la cerré de golpe apoyando el cuerpo;
20 felizmente la llave estaba puesta de nuestro lado y además corrí el gran cerrojo[10] para más seguridad.

Fui a la cocina, calenté la pavita, y cuando estuve de vuelta con la bandeja[11] del mate le dije a Irene:

—Tuve que cerrar la puerta del pasillo. Han tomado la parte del
25 fondo.

---

1 soplar: pusten, blasen
2 la ráfaga: Windstoß
3 palpar: tocar
4 el plumero: Staubwedel
5 la pava: *Am.* Kessel
6 entornado/-a: semiabierto/-a
7 el codo: *hier* Biegung, Krümmung
8 volcarse: inclinar y caer, dar la vuelta
9 el susurro: Geflüster, Gemurmel, Flüstern
10 correr el cerrojo: den Riegel vorschieben
11 la bandeja: Tablett

Dejó caer el tejido y me miró con sus graves ojos cansados.

—¿Estás seguro?

Asentí.

—Entonces –dijo recogiendo las agujas– tendremos que vivir en este lado.

Yo cebaba el mate[1] con mucho cuidado, pero ella tardó un rato en reanudar[2] su labor. Me acuerdo que tejía un chaleco gris; a mí me gustaba ese chaleco.

Los primeros días nos pareció penoso[3] porque ambos habíamos dejado en la parte tomada muchas cosas que queríamos. Mis libros de literatura francesa, por ejemplo, estaban todos en la biblioteca. Irene extrañaba unas carpetas, un par de pantuflas que tanto la abrigaban en invierno. Yo sentía mi pipa de enebro[4] y creo que Irene pensó en una botella de Hesperidina [5] de muchos años. Con frecuencia (pero esto solamente sucedió los primeros días) cerrábamos algún cajón de las cómodas y nos mirábamos con tristeza.

—No está aquí.

Y era una cosa más de todo lo que habíamos perdido al otro lado de la casa.

Pero también tuvimos ventajas. La limpieza se simplificó tanto que aun levantándose tardísimo, a las nueve y media por ejemplo, no daban las once y ya estábamos de brazos cruzados. Irene se acostumbró a ir conmigo a la cocina y ayudarme a preparar el almuerzo. Lo pensamos bien, y se decidió esto: mientras yo preparaba el almuerzo, Irene cocinaría platos para comer fríos de noche. Nos alegramos porque siempre resulta molesto tener que abandonar los dormitorios al atardecer y ponerse a cocinar. Ahora

---

1 cebar el mate: *Am.* Mate aufgießen
2 reanudar: continuar
3 penoso/-a: trabajoso/-a
4 la pipa de enebro: Pfeife aus Wacholderholz
5 Hesperidina: Marke eines argentinischen Orangenlikörs

nos bastaba con la mesa en el dormitorio de Irene y las fuentes de comida fiambre[1].

Irene estaba contenta porque le quedaba más tiempo para tejer. Yo andaba un poco perdido a causa de los libros, pero por no afligir[2] a mi hermana me puse a revisar la colección de estampillas de papá, y eso me sirvió para matar el tiempo. Nos divertíamos mucho, cada uno en sus cosas, casi siempre reunidos en el dormitorio de Irene que era más cómodo. A veces Irene decía:

—Fijate[3] este punto[4] que se me ha ocurrido. ¿No da un dibujo de trébol?

Un rato después era yo el que le ponía ante los ojos un cuadradito de papel para que viese el mérito[5] de algún sello de Eupen y Malmédy[6]. Estábamos bien, y poco a poco empezábamos a no pensar. Se puede vivir sin pensar.

(Cuando Irene soñaba en alta voz yo me desvelaba[7] enseguida. Nunca pude habituarme a esa voz de estatua o papagayo, voz que viene de los sueños y no de la garganta. Irene decía que mis sueños consistían en grandes sacudones[8] que a veces hacían caer el cobertor[9]. Nuestros dormitorios tenían el living de por medio, pero de noche se escuchaba cualquier cosa en la casa. Nos oíamos respirar, toser, presentíamos el ademán[10] que conduce a la llave[11] del velador[12], los mutuos y frecuentes insomnios.

Aparte de eso todo estaba callado en la casa. De día eran los rumores domésticos, el roce[13] metálico de las agujas de tejer, un

---

1 el fiambre: kaltes Essen, d.h. Wurst- und Käsewaren
2 afligir: causar tristeza o molestia
3 fijate: conjugación voseante (perteneciente al pronombre *vos*)
4 el punto: *hier* Stich, Masche (Handarbeit)
5 el mérito: Wert, Verdienst
6 Eupen y Malmédy: ciudades en el este de Bélgica
7 desvelar: *aquí* despertarse
8 el sacudón: Schütteln, Rütteln, Wälzen
9 el cobertor: Bettdecke
10 el ademán: un movimiento del cuerpo
11 la llave: *hier* Schalter
12 el velador: *Am.* la lámpara
13 el roce: Reibung

crujido[1] al pasar las hojas del álbum filatélico. La puerta de roble,
creo haberlo dicho, era maciza. En la cocina y el baño, que quedaban
tocando la parte tomada, nos poníamos a hablar en voz más alta o
Irene cantaba canciones de cuna[2]. En una cocina hay demasiado
ruido de loza[3] y vidrios para que otros sonidos irrumpan en ella. Muy   5
pocas veces permitíamos allí el silencio, pero cuando tornábamos
a los dormitorios y al living, entonces la casa se ponía callada y a
media luz[4], hasta pisábamos más despacio para no molestarnos. Yo
creo que era por eso que de noche, cuando Irene empezaba a soñar
en alta voz, me desvelaba enseguida.)   10

Es casi repetir lo mismo salvo las consecuencias. De noche siento
sed, y antes de acostarnos le dije a Irene que iba hasta la cocina a
servirme un vaso de agua. Desde la puerta del dormitorio (ella tejía)
oí ruido en la cocina; tal vez en la cocina o tal vez en el baño porque
el codo del pasillo apagaba el sonido. A Irene le llamó la atención mi   15
brusca manera de detenerme, y vino a mi lado sin decir palabra. Nos
quedamos escuchando los ruidos, notando claramente que eran de
este lado de la puerta de roble, en la cocina y el baño, o en el pasillo
mismo donde empezaba el codo casi al lado nuestro.

No nos miramos siquiera[5]. Apreté el brazo de Irene y la hice   20
correr conmigo hasta la puerta cancel, sin volvernos hacia atrás. Los
ruidos se oían más fuerte pero siempre sordos, a espaldas nuestras.
Cerré de un golpe la cancel [6] y nos quedamos en el zaguán. Ahora
no se oía nada.

—Han tomado esta parte —dijo Irene. El tejido le colgaba de   25
las manos y las hebras[7] iban hasta la cancel y se perdían debajo.
Cuando vio que los ovillos habían quedado del otro lado, soltó el
tejido sin mirarlo.

---

1   el crujido: Knirschen, Rascheln
2   la canción de la cuna: Wiegenlied
3   la loza: Steingut, Keramik
4   la media luz: Zwielicht
5   (ni) siquiera: nicht einmal
6   la cancel: Windfang
7   la hebra: Faden

—¿Tuviste tiempo de traer alguna cosa? —le pregunté inútilmente.

—No, nada.

Estábamos con lo puesto[1]. Me acordé de los quince mil pesos en
5 el armario de mi dormitorio. Ya era tarde ahora.

Como me quedaba el reloj pulsera, vi que eran las once de la noche. Rodeé [2] con mi brazo la cintura de Irene (yo creo que ella estaba llorando) y salimos así a la calle. Antes de alejarnos tuve lástima, cerré bien la puerta de entrada y tiré la llave a la alcantarilla[3].
10 No fuese que a algún pobre diablo se le ocurriera robar y se metiera en la casa, a esa hora y con la casa tomada.

De *Bestiario* (1951)

Tareas

1. Resume el cuento en tus propias palabras.
2. Describe lo fantástico en este cuento y explica de qué forma de lo fantástico se trata, p. ej. según la clasificación de Bioy Casares.
3. Analiza la atmósfera en la casa.
4. Según tu imaginación, ¿quién o qué toma la casa del narrador?
5. Hay muchas interpretaciones de este cuento. Entre ellos interpretaciones religiosas, políticas y sociales. Trabajando en grupos, interpretad el cuento según una de las posibles interpretaciones, justificando vuestra interpretación con citas y referencias al texto.

---

1 con lo puesto: mit dem, was man am Leibe trägt
2 rodear: umfassen, umringen
3 la alcantarilla: Gully, Abwasserkanal

Joaquín Pasos

El ángel pobre

El ángel que nos desespera[1]
de la vida para librarnos
de las tentaciones[2] de la vida
Anzoátegui

I

Tenía una expresión serenísima en su cara sucia. En cambio, una [5] mirada muy atormentada en sus ojos limpios. La barba crecida de varios días. El cabello arreglado solamente con los dedos.

Cuando caminaba, con su paso cansado, las puntas de sus alas[3] arrastraban de vez en cuando en el suelo. Jaime quería recortárselas un poco para que no se ensuciaran tanto en las últimas plumas, que [10] ya estaban lastimosamente[4] quebradas. Pero temía[5]. Temía como se puede temer de tocar un ángel. Bañarlo, peinarlo, arreglarle las plumas, vestirlo con un hermoso camisón[6] de seda blanca en vez del viejo overol que lo cubría, eso deseaba el niño. Ponerle, además, en lugar de los gruesos y sucios zapatones oscuros, unas sandalias [15] de raso[7] claro.

Una vez se atrevió a proponérselo.

El pobre ángel no respondió nada, sino que miró fijamente a Jaime y luego bajó al jardín a regar[8] sus pequeños rosales japoneses.

---

1 desesperar: desesperanzar, quitar la esperanza
2 la tentación: Versuchung, Verführung
3 el ala (las alas): Flügel
4 lastimosamente: lamentablemente
5 temer a/c: tener miedo de a/c
6 el camisón: Nachthemd
7 el raso: Satin
8 regar (e/ie): echar agua a plantas

Siempre que hacía esta tarea se echaba ambas alas hacia atrás y las entrelazaba[1] en sus puntas. Había en este gesto del ángel algo de la remangada[2] de fustanes[3] de la criada fregona[4].

En realidad, muy poco le servían las alas en la vida doméstica. Atizaba[5] el fuego de la cocina con ellas algunas veces. Otras, las agitaba con rapidez extraordinaria para refrescar la casa durante los días de calor. El ángel sonreía extrañamente cuando hacía esto. Casi tristemente.

Es lógico que los ángeles denoten[6] su edad por sus alas, como los árboles por sus cortezas. No obstante, nadie podía decir qué edad tenía aquel ángel. Desde que llegó al hogar de don José Ortiz Esmondeo – hace dos años más o menos – tenía la misma cara, el mismo traje, la misma edad inapreciable.

Nunca salía, ni siquiera para ir a misa los domingos. La gente del pueblo ya se había acostumbrado a considerarlo como un extraño pájaro celestial[7] que permanecía a toda hora en la casa de Ortiz Esmondeo, enjaulado[8] como en un nicho de una iglesia pajaril[9].

Los muchachos del pueblo que jugaban en el puente fueron los primeros que vieron al ángel cuando llegó. Al principio le arrojaron piedras y luego se atrevieron a tirarle de las alas. El ángel sonrió y los muchachos comprendieron en su sonrisa que era un ángel de verdad. Siguieron callados y miedosos su paso reposado[10], triste, casi cojo[11].

---

1 entrelazar: verflechten
2 la remangada: Hochkrempeln, Umkrempeln
3 el fustán: *Am.* Unterrock
4 la criada fregona: für das Wischen zuständiges Hausmädchen
5 atizar: *hier* anfachen
6 denotar: indicar, anunciar
7 celestial: del cielo
8 enjaulado/-a: en una jaula (Käfig)
9 pajaril: perteneciente a los pájaros
10 reposado/-a: tranquilo/-a; quieto/-a
11 cojo/-a: lahm

Así entró a la ciudad, con el mismo overol, con los mismos zapatos y con una gorrita a la cabeza. Con su mismo aspecto de ángel laborioso y pobre, con su misma sonrisa misteriosa.

Saludó con gesto de sus manos sucias a los zapateros, a los sastres[1], a los carpinteros, a todos los artesanos que suspendían 5 asombrados[2] sus trabajos al verlo pasar.

Y llegó así a la casa acomodada de don José Ortiz Esmondeo, rodeado por las gentes curiosas del barrio.

Doña Alba, la señora, abrió la puerta.

—Soy un ángel pobre —dijo el ángel. 10

II

La casa siguió siendo la misma, la vida siguió llevando la misma vida. Sólo los lirios[3], los rosales, las azucenas[4], y sobre todo las azucenas del jardín, tenían más hermosura y más alegría.

El ángel dormía en el jardín. El ángel pasaba largas horas cuidando el jardín. Lo único que aceptó fue comer en la casa de la 15 familia.

Don José y Doña Alba casi no se atrevían a hablarle. Su respeto era silencioso y su secreta curiosidad sólo se manifestaba con sus sostenidas[5] miradas sobre su cuerpo, cuando estaba de espaldas, y dirigida insistentemente sobre el par de largas alas. 20

Los rosales japoneses sonreían durante toda la mañana. Al atardecer, el ángel los acariciaba, como cerrando los ojos de cada una de las rosas. Y cuando el jardín dormía, extendía las alas sobre la yerba[6] y se costaba con la cara al cielo.

Al salir el sol se despertaba Jaime. Al despertarse, encontraba al 25 ángel a su lado, apoyado en el hombro[7] de su alma.

1   el sastre, la sastra: Schneider, Schneiderin
2   asombrado/-a: verwundert, überrascht, erstaunt, verblüfft
3   el lirio: Lilie
4   la azucena: (weiße) Lilie
5   sostenido/-a: ausdauernd, lang anhaltend
6   la yerba: Gras, Rasen
7   el hombro: Schulter

El juego comenzaba. Bajo la sombra del jardín, Jaime veía convertirse en seres con vida a todos sus soldaditos de plomo[1], oía los pequeños gritos de mando del capitán de su minúsculo buque[2], hablaba con el chofer de latón[3] de su automovilito de carreras, y por último entraba él mismo como pasajero a su tren de bolsillo.

La presencia natural del ángel daba a estos pequeños prodigios[4] toda naturalidad.

III

Pero el ángel pobre era tan pobre que no tenía ni milagros. Nunca había resucitado[5] a ningún muerto ni había curado ninguna enfermedad incurable. Sus únicas maravillas, aparte de sus alas, consistían en esos pequeños milagros realizados con Jaime y sus juguetes. Eran como las pequeñas monedas de cobre que le correspondían del colosal tesoro de los milagros.

Sin embargo, la gente no se cansaba de esperar el milagro estupendo, el gran milagro que debía ser la explicación y el motivo de la presencia del ángel en el pueblo.

El hombre acostumbra considerarse como un niño mimado[6] por lo divino[7]. Llega a creerse merecedor[8] a la gracia, al amor de Dios, a los milagros. Su orgullo le esconde sus pecados, pero cuando se trata de un favor sobrenatural entonces intenta cobrar hasta lo último de la misericordia divina[9].

Había algo de exigencia[10] en las expectativas del pueblo. El ángel era ya un orgullo local que no debía defraudar[11] las esperanzas de la

---

1 el soldadito de plomo: Bleisoldat (Spielzeug)
2 el buque: el barco, p. ej. de guerra
3 el latón: Messing
4 el prodigio: el milagro
5 resucitar a alg.: devolver la vida a un muerto
6 mimar: hacer caricias, tratar con excesivo cariño
7 divino/-a: perteneciente o relativo/-a a Dios
8 merecedor/-a: digno/-a de a/c
9 la misericordia divina: göttliche Barmherzigkeit
10 la exigencia: Anspruch, Forderung
11 defraudar a alg.: jdn. enttäuschen

población. Lo estaban convirtiendo poco a poco en algo así como un pájaro totémico[1]. Era casi una bestia sagrada.

Se organizaron sociedades para cuidar al ángel. La municipalidad dio decretos en su honor. Se le remitían[2] los asuntos locales para su solución. Por último, hasta se le ofreció el cargo de Alcalde.   5

Todo en vano. El ángel lo desechaba todo disimuladamente[3]. Nada le interesaba, según parecía. Sólo daba muestras de una entrañable[4] afición a la jardinería.

IV

Cuando don José se decidió a tener una entrevista con el ángel algo serio sucedía.   10

El ángel entró sonriendo a la oficina. Limpió a la puerta el lodo[5] de sus zapatones oscuros, se sacudió[6] las alas y se sentó frente al señor Ortiz.

Don José estaba visiblemente molesto. Sus ojos bajaron varias veces ante la vista del ángel, pero al fin, con una mueca[7] lastimosa[8],   15 principió:

— Bueno, mi amigo, yo nunca le he llamado a usted para molestarlo en nada, pero ahora quiero hablarle de un asuntito que para nosotros es muy importante.

Tos. Pequeña sonrisa.   20

—Se trata, —prosiguió— de que desde un mes a esta parte nuestros negocios han venido tan mal que, francamente hablando, estoy al borde de la quiebra[9]. La Compañía Eléctrica que, como usted sabe, constituye mi única fortuna, ha fracasado totalmente

---

1 el pájaro totémico: Totemvogel
2 remitir: enviar
3 disimuladamente: unauffällig
4 entrañable: muy afectuoso/-a, cariñoso/-a
5 el lodo: Schlamm
6 sacudir: schütteln, ausklopfen
7 la mueca: Fratze, Grimasse
8 lastimoso/-a: jämmerlich, kläglich, bedauernswert
9 la quiebra: Bankrott, Konkurs, Pleite

y pasará a manos del Estado. Lo que el gobierno me reconozca apenas bastará para cubrir mis deudas. Ante esta perspectiva, me he atrevido a llamar a usted para suplicarle[1] que nos consiga, aunque sea presta[2], mi amigo, alguna platita[3], algo que nos saque de este apuro…

El ángel, muy serio, se sacó las bolsas de su overol. Un pedazo de pan, una aguja de tejer[4], un trapo, varias semillas secas y un silbato[5] viejo.

Don José le lanzó una mirada extraña y dijo:

—Ya sé que usted no tiene nada, pero puede pedir… yo no sé… un poco de plata, de oro, algún milagrito, mi amigo. Algo sencillo, que no lo comprometa[6]… Además, nosotros no diremos ni media palabra… Así se arreglaría toda esta situación y usted podría seguir muy tranquilo viviendo con nosotros como hasta ahora, mi amigo.

Don José tenía la cara roja de vergüenza. Pero estaba decidido a jugarse el todo por el todo. Él era decente, lo sabía muy bien, y era correcto y era honrado, pero también era práctico. Tengo que ser práctico y hablar claramente, se decía. Al pan, pan[7].

—Ya ve, nosotros nunca le hemos pedido nada. Jamás le hemos molestado, ¿no es cierto? Pero ahora la familia necesita arreglar este asunto, tener un poco de «flojera»[8], para seguir viviendo, para seguir sirviendo a Dios, mi amigo…

¿Dónde había oído don José esta frase de «seguir sirviendo a Dios», que por primera vez pronunciaban sus labios? ¡Ah! Sonrió por dentro. El cura… aquella misa cantada… el sermón[9]!

El ángel se puso definitivamente serio. Su mirada era fija, directa.

---

1 suplicar a/c a alg.: pedir, rogar a/c a alg.
2 prestar a/c de alg.: sich etw. von jdm. leihen
3 la platita → la plata: *Am.* el dinero
4 la aguja de tejer: Nähnadel
5 el silbato: Pfeife
6 comprometer: verpflichten
7 al pan, pan → llamar al pan, pan y al vino, vino: *fig.* das Kind beim rechten Namen nennen, etw. klipp und klar sagen
8 la flojera: Faulheit, Schwäche
9 el sermón: Predigt

—José, —dijo muy despacio— ya que usted quiere que hablemos francamente, vamos a ello. Cuando yo le dije a su señora que yo era un ángel pobre, era porque en realidad soy ángel y soy pobre. Es decir, la pobreza es una cualidad de mi ser. No tengo bienes terrenales ni puedo tenerlos. Tampoco puedo darlos. Eso es todo.   5

Pausa. Con la mirada más fija aún, continuó:

—No obstante, como yo les estoy sumamente agradecido y veo que la vida está muy dificultosa para ustedes, les libraré de ella con muchísimo gusto, si ustedes lo desean.

—¿Cómo? ¿Qué dice?   10

—Pues que como la vida les está siendo tan desagradable, puedo conmutarles[1] por gracias especiales lo que ustedes ganarían ofreciendo esas penalidades[2] a Dios, y suprimirles[3] la existencia terrenal.

—Es decir, ¿lo que usted se propone es matarnos?   15

—No. No lo diga así con lenguaje pecaminoso[4]. Simplemente se trata de quitarle la vida a usted y a su familia. Desde hace algún tiempo, José, he venido pensando llamar a usted para hacerle este ofrecimiento, pues yo les debo a ustedes muchos favores y finezas[5]. Y ahora en estas circunstancias, sería la solución de todas las   20 dificultades de su familia.

Los ojos de Don José se encendieron. Su boca estaba seca.

—Cómo va a creer —gritó. —Yo entiendo que usted quiere morirse porque usted vive en la otra vida y, porque, además, ¡usted no se puede morir! pero nosotros, ¡eso es diferente!   25

—Es natural su defensa natural, José. Su vida pide la vida, yo lo sé, pero reflexione que ésta es una doble oportunidad: la oportunidad de librarse para siempre de esos apuros[6] materiales que tanto le intranquilizan, y la oportunidad de morirse santamente. Es

---

1   conmutar a/c: cambiar a/c, convertir a/c
2   la penalidad: Strafe
3   suprimir: borrar
4   pecaminoso/-a: sündhaft, sündig
5   la fineza: Feinheit
6   el apuro: Bedrängnis, Not, Schwierigkeit

ventajosísimo. Yo les fijaré el día y la hora de sus muertes y ustedes arreglarán perfectamente, y con mi ayuda, sus cuentas con Dios. Yo seré un guía para sus almas. Y no se preocupe por la muerte: yo soy un ángel experto en el asunto pues fui discípulo del Ángel
5 Exterminador[1].

Don José estaba furioso. Sin contenerse gritó:

—¡No señor, de ninguna manera! Mi vida vale mucho, mucho más de lo que usted piensa. Eso que usted me propone es un atrevimiento[2], una barbaridad, un homicidio... un homicidio
10 premeditado[3], eso es.

—Las muertes de todos los hombres son, José, otros tantos homicidios, solamente que no son delitos ni pecados porque son realizados por Dios. Ustedes los hombres son tan pretenciosos[4] que llegan a creer que sus vidas son de ustedes! La muerte es
15 necesariamente deseada por el hombre justo. El suicidio sería la solución más lógica y el fin más inteligente de las vidas de todos los hombres lógicos e inteligentes, si el suicidio fuese permitido por Dios.

—¡Bueno! ¡Suficiente! ¡No quiero nada con usted!

V

20 Los once años de Jaime vieron de otra manera el asunto.

—Ángel, mátame hoy —le decía—, mátame bajo tus rosales japoneses, de un solo golpe de ala.

---

1 el Ángel Exterminador: Würgeengel; häufig mit der Apokalypse aber auch dem Buch Exodus in Verbindung gebrachter Engel
2 el atrevimiento: Kühnheit, Wagemut
3 premeditado/-a: vorsätzlich
4 pretencioso/-a: anmaßend

VI

Murió el niño. El ángel extendió sus alas sobre él durante la misteriosa agonía. Era una muerte suave, una muerte de pájaro. Una muerte que entraba de puntillas[1] y sonriendo.

Cuando todo había terminado tan silenciosamente, la fuerza de la muerte invadió la casa. Un enorme recogido comprimido estalló[2] 5 en el aire de la muerte. La casa entera pujaba[3], se expandía. Un olor indefinible cubrió los objetos: se abría una gaveta[4] y salía de ella un perfume sobrenatural; los pañuelos lo tenían, y el agua y el aire lo llevaban. Parecía un incienso de ultratumba[5] que denotaba[6] el final de un rito desconocido y milagroso. 10

En el jardín los lirios y las azucenas se pusieron más blancas, con un incontenible, un ilimitado color blanco. Y los rosales japoneses ofrecieron cada cinco minutos una nueva cosecha de rosas encarnadas[7].

Don José se puso como loco. Momentos antes de su muerte, 15 Jaime se le acercó para pedirle permiso de morir. Por supuesto, le prohibió semejante locura.

Pero el niño ya tenía la vocación de la muerte, amaba la muerte con todas las fuerzas de su vida.

De nada sirvieron las protestas y las lágrimas de Doña Alba; y 20 Don José no encontró amenazas[8] con qué amenazar a su hijo.

Por eso, su cólera ciega cayó sobre el ángel. Salió a la plaza rodeado por los Concejales[9] de la Alcaldía, y con lágrimas en los ojos se dirigió al pueblo en un discurso muy conmovedor,

---

1 de puntillas: levemente
2 estallar: explodieren, bersten
3 pujar: *nic.* emitir un sonido cuando se hace un gran esfuerzo o se soporta un dolor
4 la gaveta: Schublade
5 ultratumbo/-a: más allá de la muerte
6 denotar: bezeichnen, kennzeichnen
7 encarnado/-a: de color de carne
8 la amenaza: Drohung
9 el concejal: el miembro del consejo (Ratsmitglied)

pidiendo justicia contra el ángel, a quien procesaría por asesinato premeditado, según dijo.

Pero ni el Juez ni los guardias se atrevieron a arrestar al ángel.

Fue el Alcalde quien tomó el asunto en sus manos notificando al
5 ángel que debía abandonar la ciudad inmediatamente.

VII

A las doce del día, bajo el tremendo sol meridiano, salió el Ángel Pobre, más pobre y más ángel que nunca, del hogar Ortiz Esmondeo.

Por las calles polvorientas del pueblo iba arrastrando sus alas sucias y quebradas. Los hombres malos de los talleres de
10 la Compañía Eléctrica se le acercaron en grupo, y con bromas obscenas le arrancaron las plumas. De los alones[1] del ángel brotaba una sangre brillante y dolorosa.

Pero al llegar al puente, los muchachos del pueblo que allí estaban, se arrodillaron en línea llorando.

15 El ángel pasó levantando sobre sus cabezas su alón sangriento y uno por uno fueron cayendo muertos.

(1941)

Tareas
1. Resume el cuento en tus propias palabras.
2. Escribe un título para cada parte del cuento.
3. Describe lo fantástico en este cuento y explica de qué forma de lo fantástico se trata, p. ej. según la clasificación de Bioy Casares.
4. Retrata al ángel pobre basándote en el cuento.
5. Explica cómo el ángel entiende el concepto de la muerte.
6. Examina cómo la gente del pueblo reacciona ante la llegada del ángel y su presencia en el pueblo y compáralo con su reacción en la última parte (VII) del cuento.

---

1 el alón: un ala sin plumas

Gabriel García Márquez

El ahogado[1] más hermoso del mundo

Los primeros niños que vieron el promontorio[2] oscuro y sigiloso[3] que se acercaba por el mar, se hicieron la ilusión de que era un barco enemigo. Después vieron que no llevaba banderas ni arboladura[4], y pensaron que fuera una ballena. Pero cuando quedó varado[5] en la playa le quitaron los matorrales de sargazos[6], los filamentos[7] de   5 medusas[8] y los restos de cardúmenes[9] y naufragios[10] que llevaba encima, y sólo entonces descubrieron que era un ahogado.

Habían jugado con él toda la tarde, enterrándolo[11] y desenterrándolo en la arena, cuando alguien los vio por casualidad y dio la voz de alarma en el pueblo. Los hombres que lo cargaron   10 hasta la casa más próxima notaron que pesaba más que todos los muertos conocidos, casi tanto como un caballo, y se dijeron que tal vez había estado demasiado tiempo a la deriva[12] y el agua se le había metido dentro de los huesos. Cuando lo tendieron en el suelo vieron que había sido mucho más grande que todos los hombres, pues   15 apenas si cabía en la casa, pero pensaron que tal vez la facultad[13] de seguir creciendo después de la muerte estaba en la naturaleza de ciertos ahogados. Tenía el olor del mar, y sólo la forma permitía

---

1   el ahogado: Ertrunkene
2   el promontorio: Landzunge, Landspitze, Vorgebirge
3   sigiloso/-a: schweigsam
4   la arboladura: Mast
5   varado/-a: gestrandet
6   los matorrales de sargazos: Seetanggestrüpp
7   el filamento: *hier* Tentakel
8   la medusa: Qualle
9   el cardumen: Fischschwarm
10 el naufragio: *hier* Strandgut
11 enterrar a alg.: jdn. vergraben
12 la deriva: Strömung, Drift
13 la facultad: *aquí* el poder, la potencia, la capacidad

suponer que era el cadáver de un ser humano, porque su piel estaba revestida de una coraza[1] de rémora[2] y de lodo[3].

No tuvieron que limpiarle la cara para saber que era un muerto ajeno. El pueblo tenía apenas unas veinte casas de tablas, con
[5] patios de piedras sin flores, desperdigadas[4] en el extremo de un cabo desértico. La tierra era tan escasa, que las madres andaban siempre con el temor de que el viento se llevara a los niños, y a los muertos que les iban causando los años tenían que tirarlos en los acantilados[5]. Pero el mar era manso y pródigo[6], y todos los hombres
[10] cabían en siete botes. Así que cuando se encontraron el ahogado les bastó con mirarse los unos a los otros para darse cuenta de que estaban completos.

Aquella noche no salieron a trabajar en el mar. Mientras los hombres averiguaban si no faltaba alguien en los pueblos vecinos,
[15] las mujeres se quedaron cuidando al ahogado. Le quitaron el lodo con tapones de esparto[7], le desenredaron del cabello los abrojos submarinos[8] y le rasparon la rémora con fierros de desescamar pescados[9]. A medida que lo hacían, notaron que su vegetación era de océanos remotos y de aguas profundas, y que sus ropas estaban
[20] en piltrafas[10], como si hubiera navegado por entre laberintos de corales. Notaron también que sobrellevaba la muerte con altivez[11], pues no tenía el semblante[12] solitario de los otros ahogados del mar,

---

1 la coraza: Panzer, Harnisch
2 la rémora: un pez que se adhiere a otros animales marinos, mide entre 30 y 110 cm y vive en todos los océanos del mundo.
3 el lodo: Schlamm
4 desperdigado/-a: verstreut
5 el acantilado: Klippe
6 pródigo/-a: que tiene o produce gran cantidad de algo
7 el esparto: Espartogras
8 el abrojo submarino: Unterwasserdistel
9 el fierro de desescamar pescados: *Am.* zum Entschuppen verwendetes Eisen
10 en piltrafas: *hier* in Fetzen
11 la altivez: Hochmut
12 el semblante: Antlitz

ni tampoco la catadura[1] sórdida[2] y menesterosa[3] de los ahogados fluviales[4]. Pero solamente cuando acabaron de limpiarlo tuvieron conciencia de la clase de hombre que era, y entonces se quedaron sin aliento. No sólo era el más alto, el más fuerte, el más viril y el mejor armado[5] que habían visto jamás, sino que todavía cuando lo 5 estaban viendo no les cabía en la imaginación.

No encontraron en el pueblo una cama bastante grande para tenderlo ni una mesa bastante sólida para velarlo[6]. No le vinieron los pantalones de fiesta de los hombres más altos, ni las camisas dominicales de los más corpulentos, ni los zapatos del mejor 10 plantado[7]. Fascinadas por su desproporción y su hermosura, las mujeres decidieron entonces hacerle unos pantalones con un pedazo de vela cangreja[8], y una camisa de bramante de novia[9], para que pudiera continuar su muerte con dignidad. Mientras cosían sentadas en círculo, contemplando el cadáver entre puntada y 15 puntada, les parecía que el viento no había sido nunca tan tenaz[10] ni el Caribe había estado nunca tan ansioso[11] como aquella noche, y suponían que esos cambios tenían algo que ver con el muerto. Pensaban que si aquel hombre magnífico hubiera vivido en el pueblo, su casa habría tenido las puertas más anchas, el techo 20 más alto y el piso más firme, y el bastidor[12] de su cama habría sido de cuadernas maestras con pernos de hierro[13], y su mujer habría sido la más feliz. Pensaban que habría tenido tanta autoridad

---

1 la catadura: Gesichtsausdruck
2 sórdido/-a: schäbig
3 menesteroso/-a: bedürftig
4 fluvial: perteneciente al río
5 el mejor armado: *hier* der am besten bestückte
6 velar a alg.: pasar la noche al cuidado de un muerto
7 el mejor plantado: la persona con los pies más grandes
8 la vela cangreja: un tipo de vela ya no muy común (Gaffelsegel)
9 el bramante de novia: Brautlinnen (ein Tuch aus Leinen)
10 tenaz: hartnäckig
11 ansioso/-a: begehrlich
12 el bastidor: Gestell, Rahmen
13 las cuadernas maestras con pernos de hierro: *hier* Hauptspanten mit eisernen Zapfen

que hubiera sacado los peces del mar con sólo llamarlos por sus nombres, y habría puesto tanto empeño[1] en el trabajo que hubiera hecho brotar manantiales[2] de entre las piedras más áridas y hubiera podido sembrar flores en los acantilados. Lo compararon en secreto con sus propios hombres, pensando que no serían capaces de hacer en toda una vida lo que aquél era capaz de hacer en una noche, y terminaron por repudiarlos[3] en el fondo de sus corazones como los seres más escuálidos[4] y mezquinos[5] de la tierra. Andaban extraviadas[6] por esos dédalos[7] de fantasía, cuando la más vieja de las mujeres, que por ser la más vieja había contemplado al ahogado con menos pasión que compasión, suspiró:

—Tiene cara de llamarse Esteban.

Era verdad. A la mayoría le bastó con mirarlo otra vez para comprender que no podía tener otro nombre. Las más porfiadas[8], que eran las más jóvenes, se mantuvieron con la ilusión de que al ponerle la ropa, tendido entre flores y con unos zapatos de charol[9], pudiera llamarse Lautaro. Pero fue una ilusión vana. El lienzo[10] resultó escaso[11], los pantalones mal cortados y peor cosidos le quedaron estrechos, y las fuerzas ocultas de su corazón hacían saltar los botones de la camisa. Después de la media noche se adelgazaron[12] los silbidos del viento y el mar cayó en el sopor[13] del miércoles. El silencio acabó con las últimas dudas: era Esteban. Las mujeres que lo habían vestido, las que lo habían peinado, las que le habían cortado las uñas y raspado la barba no pudieron reprimir un

---

1 el empeño: Anstrengung, Bemühen, Eifer
2 la manantial: Quelle
3 repudiar a alg.: jdn. verabscheuen
4 escuálido/-a: verwahrlost, dünn, schmutzig
5 mezquino/-a: armselig, klein
6 extraviado/-a: perdido/-a
7 el dédalo: el laberinto
8 porfiado/-a: störrisch
9 los zapatos de charol: Lackschuhe
10 el lienzo: Leinen, Leinwand
11 escaso/-a: (zu) knapp
12 adelgazar: abnehmen, *hier* abflauen
13 el sopor: las ganas de dormir, el adormecimiento

estremecimiento¹ de compasión cuando tuvieron que resignarse a
dejarlo tirado por los suelos. Fue entonces cuando comprendieron
cuánto debió haber sido de infeliz con aquel cuerpo descomunal,
si hasta después de muerto le estorbaba². Lo vieron condenado en
vida a pasar de medio lado por las puertas, a descalabrarse³ con los 5
travesaños⁴, a permanecer de pie en las visitas sin saber qué hacer
con sus tiernas y rosadas manos de buey de mar⁵, mientras la dueña
de casa buscaba la silla más resistente y le suplicaba⁶ muerta de
miedo siéntese aquí Esteban, hágame el favor, y él recostado contra
las paredes, sonriendo, no se preocupe señora, así estoy bien, con 10
los talones⁷ en carne viva y las espaldas escaldadas⁸ de tanto repetir
lo mismo en todas las visitas, no se preocupe señora, así estoy
bien, sólo para no pasar vergüenza de desbaratar⁹ la silla, y acaso
sin haber sabido nunca que quienes le decían no te vayas Esteban,
espérate siquiera hasta que hierva el café, eran los mismos que 15
después susurraban ya se fue el bobo grande, qué bueno, ya se fue
el tonto hermoso. Esto pensaban las mujeres frente al cadáver un
poco antes del amanecer. Más tarde, cuando le taparon la cara con
un pañuelo para que no le molestara la luz, lo vieron tan muerto
para siempre, tan indefenso, tan parecido a sus hombres, que se les 20
abrieron las primeras grietas de lágrimas en el corazón. Fue una de
las más jóvenes la que empezó a sollozar¹⁰. Las otras, asentándose¹¹
entre sí, pasaron de los suspiros¹² a los lamentos¹³, y mientras más
sollozaban más deseos sentían de llorar, porque el ahogado se les

---

1   el estremecimiento: Schaudern, Zittern
2   estorbar: molestar, incomodar
3   descalabrar: herir en la cabeza
4   el travesaño: Querbalken
5   el buey de mar: (*hier* von der Größe eines...) Taschenkrebs
6   suplicar a alg.: rogar a alg., pedir a alg.
7   el talón: parte posterior del pie
8   escaldado/-a: wund, verbrüht
9   desbaratar: deshacer, destruir
10   sollozar: schluchzen
11   asentar: afirmar
12   el suspiro: Seufzer
13   el lamento: Wehklagen

iba volviendo cada vez más Esteban, hasta que lo lloraron tanto que fue el hombre más desvalido[1] de la tierra, el más manso y el más servicial, el pobre Esteban. Así que cuando los hombres volvieron con la noticia de que el ahogado no era tampoco de los pueblos
5 vecinos, ellas sintieron un vacío de júbilo entre las lágrimas.

—¡Bendito sea Dios —suspiraron—: es nuestro!

Los hombres creyeron que aquellos aspavientos[2] no eran más que frivolidades de mujer. Cansados de las tortuosas[3] averiguaciones[4] de la noche, lo único que querían era quitarse de
10 una vez el estorbo del intruso antes de que prendiera el sol bravo de aquel día árido y sin viento. Improvisaron unas angarillas[5] con restos de trinquetes[6] y botavaras[7], y las amarraron con carlingas de altura[8], para que resistieran el peso del cuerpo hasta los acantilados. Quisieron encadenarle a los tobillos[9] un ancla de buque mercante
15 para que fondeara[10] sin tropiezos en los mares más profundos donde los peces son ciegos y los buzos[11] se mueren de nostalgia, de manera que las malas corrientes no fueran a devolverlo a la orilla, como había sucedido con otros cuerpos. Pero mientras más se apresuraban, más cosas se les ocurrían a las mujeres para perder el
20 tiempo. Andaban como gallinas asustadas picoteando amuletos de mar en los arcones[12], unas estorbando aquí porque querían ponerle al ahogado los escapularios[13] del buen viento, otras estorbando allá para abrocharse una pulsera de orientación, y al cabo de tanto quítate de ahí mujer, ponte donde no estorbes, mira que casi me

---

1 desvalido/-a: hilflos, wehrlos
2 el aspaviento: una demostración excesiva de sentimientos
3 tortuoso/-a: *hier* verworren
4 la averiguación: Nachforschung
5 la angarilla: Bahre
6 el trinquete: Fockmast
7 la botavara: Giekbaum (runde Stange, an der das Gaffelsegel befestigt ist)
8 la carlinga de altura: Setzweger (Verstärkung der Beplankung eines Schiffs)
9 el tobillo: Knöchel
10 fondear: llegar al fondo del mar
11 el buzo: persona que bucea
12 el arcón: Truhe
13 el escapulario: Skapulier (ein Überwurf über die Tunika einer Ordenstracht)

haces caer sobre el difunto, a los hombres se les subieron al hígado[1]
las suspicacias y empezaron a rezongar[2] que con qué objeto
tanta ferretería de altar mayor[3] para un forastero[4], si por muchos
estoperoles[5] y calderetas[6] que llevara encima se lo iban a masticar los
tiburones, pero ellas seguían tripotando sus reliquias de pacotilla[7],   5
llevando y trayendo, tropezando, mientras se les iba en suspiros lo
que no se les iba en lágrimas, así que los hombres terminaron por
despotricar[8] que de cuándo acá semejante alboroto[9] por un muerto
al garete[10], un ahogado de nadie, un fiambre[11] de mierda. Una de
las mujeres, mortificada por tanta insolencia[12], le quitó entonces al   10
cadáver el pañuelo de la cara, y también los hombres se quedaron
sin aliento.

Era Esteban. No hubo que repetirlo para que lo reconocieran.
Si les hubieran dicho Sir Walter Raleigh[13], quizás, hasta ellos se
habrían impresionado con su acento de gringo, con su guacamayo[14]   15
en el hombro, con su arcabuz[15] de matar caníbales, pero Esteban
solamente podía ser uno en el mundo, y allí estaba tirado como
un sábalo[16], sin botines[17], con unos pantalones de sietemesino[18] y

---

 1 subir al hígado: *fig.* über die Leber laufen
 2 rezongar: gruñir
 3 la ferretería de altar mayor: *hier* Kram vom Hochaltar
 4 el/la forastero/-a: Fremder
 5 el estoperol: Zierknopf
 6 la caldereta: Weihwasserkessel
 7 de pacotilla: de inferior calidad
 8 despotricar: *fam.* schimpfen, meckern
 9 el alboroto: el desorden, el tumulto
 10 al garete: treibend
 11 el fiambre: *hier* kaltes Stück Fleisch
 12   la insolencia: Unverschämtheit, Unverfrorenheit, Gefühllosigkeit
 13 Sir Walter Raleigh (1552–1618): marino, corsario, colonizador, escritor y
     político inglés
 14 el guacamayo: Ara
 15 el arcabuz: Arkebuse, Hakenbüchse
 16 el sábalo: Maifisch, Alse (eine Heringsart)
 17 el botín: Halbstiefel
 18 el sietemesino: un bebé que tiene siete meses

esas uñas rocallosas[1] que sólo podían cortarse a cuchillo. Bastó
con que le quitaran el pañuelo de la cara para darse cuenta de que
estaba avergonzado, de que no tenía la culpa de ser tan grande, ni
tan pesado ni tan hermoso, y si hubiera sabido que aquello iba a
5 suceder habría buscado un lugar más discreto para ahogarse, en
serio, me hubiera amarrado yo mismo un áncora de galón[2] en el
cuello y hubiera trastabillado[3] como quien no quiere la cosa en los
acantilados, para no andar ahora estorbando con este muerto de
miércoles, como ustedes dicen, para no molestar a nadie con esta
10 porquería de fiambre que no tiene nada que ver conmigo. Había
tanta verdad en su modo de estar, que hasta los hombres más
suspicaces[4], los que sentían amargas las minuciosas noches del mar
temiendo que sus mujeres se cansaran de soñar con ellos para soñar
con los ahogados, hasta ésos, y otros más duros, se estremecieron[5]
15 en los tuétanos[6] con la sinceridad[7] de Esteban.

Fue así como le hicieron los funerales más espléndidos que
podían concebirse para un ahogado expósito. Algunas mujeres que
habían ido a buscar flores en los pueblos vecinos regresaron con
otras que no creían lo que les contaban, y éstas se fueron por más
20 flores cuando vieron al muerto, y llevaron más y más, hasta que
hubo tantas flores y tanta gente que apenas si se podía caminar. A
última hora les dolió devolverlo huérfano a las aguas, y le eligieron
un padre y una madre entre los mejores, y otros se le hicieron
hermanos, tíos y primos, así que a través de él todos los habitantes
25 del pueblo terminaron por ser parientes entre sí. Algunos marineros
que oyeron el llanto a distancia perdieron la certeza del rumbo[8], y se
supo de uno que se hizo amarrar al palo mayor, recordando antiguas

1 rocalloso/-a: steinig
2 el áncora de galón (las áncoras): Galleonenanker
3 trastabillar: stolpern
4 suspicaz: misstrauisch
5 estremecer: erschauern, zittern
6 en los tuétanos: bis ins Mark
7 la sinceridad: Aufrichtigkeit
8 la certeza del rumbo: den richtigen Kurs

fábulas de sirenas. Mientras se disputaban el privilegio de llevarlo en hombros por la pendiente[1] escarpada[2] de los acantilados, hombres y mujeres tuvieron conciencia por primera vez de la desolación de sus calles, la aridez de sus patios, la estrechez de sus sueños, frente al esplendor y la hermosura de su ahogado. Lo soltaron sin ancla, 5 para que volviera si quería, y cuando lo quisiera, y todos retuvieron el aliento durante la fracción de siglos que demoró[3] la caída del cuerpo hasta el abismo. No tuvieron necesidad de mirarse los unos a los otros para darse cuenta de que ya no estaban completos, ni volverían a estarlo jamás. Pero también sabían que todo sería 10 diferente desde entonces, que sus casas iban a tener las puertas más anchas, los techos más altos, los pisos más firmes, para que el recuerdo de Esteban pudiera andar por todas partes sin tropezar con los travesaños, y que nadie se atreviera a susurrar en el futuro ya murió el bobo grande, qué lástima, ya murió el tonto hermoso, 15 porque ellos iban a pintar las fachadas de colores alegres para eternizar la memoria de Esteban, y se iban a romper el espinazo[4] excavando manantiales en las piedras y sembrando flores en los acantilados, para que los amaneceres de los años venturos[5] los pasajeros de los grandes barcos despertaran sofocados[6] por un olor 20 de jardines en altamar, y el capitán tuviera que bajar de su alcázar[7] con su uniforme de gala, con su astrolabio[8], su estrella polar y su ristra[9] de medallas de guerra, y señalando el promontorio de rosas en el horizonte del Caribe dijera en catorce idiomas: miren allá, donde el viento es ahora tan manso que se queda a dormir debajo 25 de las camas, allá, donde el sol brilla tanto que no saben hacia dónde girar los girasoles, sí, allá, es el pueblo de Esteban.

1   la pendiente: Hang
2   escarpado/-a: steil
3   demorar: durar
4   el espinazo: Rückgrat, Kreuz
5   venturo/-a: que ha de venir o de suceder
6   sofocar: ersticken
7   el alcázar: *hier* Kommandobrücke
8   el astrolabio: Astrolabium (Gerät, um die Position der Sterne zu bestimmen)
9   la ristra: *hier* Ordensschnalle

De *La increíble y triste historia de la cándida Eréndira y de su abuela desalmada* (1974)

Tareas

1. Resume el cuento en tus propias palabras.
2. Describe lo fantástico en este cuento y explica de qué forma de lo fantástico se trata, p. ej. según la clasificación de Bioy Casares.
3. Resume cómo la gente del pueblo reacciona ante el ahogado y qué cambios se producen en el pueblo a partir de su llegada a la costa.
4. Comenta lo que simboliza, según tu opinión, Esteban.

Horacio Quiroga

Juan Darién

Aquí se cuenta la historia de un tigre que se crió y educó entre los hombres, y que se llamaba Juan Darién. Asistió cuatro años a la escuela vestido de pantalón y camisa, y dio sus lecciones correctamente, aunque era un tigre de las selvas; pero esto se debe a que su figura era de hombre, conforme[1] se narra en las siguientes líneas:

Una vez, a principio de otoño, la viruela[2] visitó un pueblo de un país lejano y mató a muchas personas. Los hermanos perdieron a sus hermanitas, y las criaturas que comenzaban a caminar quedaron sin padre ni madre. Las madres perdieron a su vez a sus hijos, y una pobre mujer joven y viuda llevó ella misma a enterrar a su hijito, lo único que tenía en este mundo. Cuando volvió a su casa, se quedó sentada pensando en su chiquillo. Y murmuraba:

—Dios debía haber tenido más compasión de mí, y me ha llevado a mi hijo. En el cielo podrá haber ángeles, pero mi hijo no los conoce. Y a quien él conoce bien es a mí, ¡pobre hijo mío!

Y miraba a lo lejos, pues estaba sentada en el fondo de su casa, frente a un portoncito[3] donde se veía la selva.

Ahora bien; en la selva había muchos animales feroces[4] que rugían[5] al caer la noche y al amanecer. Y la pobre mujer, que continuaba sentada, alcanzó a ver en la oscuridad una cosa chiquita y vacilante que entraba por la puerta, como un gatito que apenas tuviera fuerzas para caminar. La mujer se agachó[6] y

1 conforme: tal como
2 la viruela: Pocken
3 el portón: una puerta exterior
4 feroz: wild
5 rugir: brüllen (Raubtiere)
6 agacharse: sich bücken

levantó en las manos un tigrecito de pocos días, pues aún tenía los ojos cerrados. Y cuando el mísero cachorro[1] sintió el contacto de las manos, runruneó[2] de contento, porque ya no estaba solo. La madre tuvo largo rato suspendido en el aire aquel pequeño enemigo
5 de los hombres, a aquella fiera indefensa que tan fácil le hubiera sido exterminar. Pero quedó pensativa ante el desvalido cachorro que venía quién sabe de dónde y cuya madre con seguridad había muerto. Sin pensar bien en lo que hacía llevó al cachorrito a su seno[3] y lo rodeó con sus grandes manos. Y el tigrecito, al sentir el calor del
10 pecho, buscó postura cómoda, runruneó tranquilo y se durmió con la garganta adherida al seno maternal.

La mujer, pensativa siempre, entró en la casa. Y en el resto de la noche, al oír los gemidos de hambre del cachorrito, y al ver cómo buscaba su seno con los ojos cerrados, sintió en su corazón herido
15 que, ante la suprema ley del Universo, una vida equivale a otra vida...

Y dio de mamar[4] al tigrecito.

El cachorro estaba salvado, y la madre había hallado[5] un inmenso consuelo. Tan grande su consuelo, que vio con terror el momento en que aquél le sería arrebatado[6], porque si se llegaba a
20 saber en el pueblo que ella amamantaba[7] a un ser salvaje, matarían con seguridad a la pequeña fiera. ¿Qué hacer? El cachorro, suave y cariñoso —pues jugaba con ella sobre su pecho— era ahora su propio hijo.

En estas circunstancias, un hombre que una noche de lluvia
25 pasaba corriendo ante la casa de la mujer, oyó un gemido[8] áspero[9] —el ronco gemido de las fieras que, aún recién nacidas, sobresaltan al ser humano—. El hombre se detuvo bruscamente, y mientras

1 el cachorro: Welpe, hier Tigerjunges
2 runrunear: susurrar
3 el seno: el pecho
4 mamar: beber leche materna
5 hallar: encontrar
6 arrebatar: entreißen
7 amamantar: stillen
8 el gemido: Seufzen, Stöhnen
9 áspero/-a: rau

buscaba a tientas[1] el revólver, golpeó la puerta. La madre, que había oído los pasos, corrió loca de angustia a ocultar el tigrecito en el jardín. Pero su buena suerte quiso que al abrir la puerta del fondo se hallara[2] ante una mansa, vieja y sabia serpiente que le cerraba el paso. La desgraciada mujer iba a gritar de terror, cuando la ₅ serpiente habló así:

—Nada temas, mujer —le dijo—. Tu corazón de madre te ha permitido salvar una vida del Universo, donde todas las vidas tienen el mismo valor. Pero los hombres no te comprenderán, y querrán matar a tu nuevo hijo. Nada temas, ve tranquila. Desde ₁₀ este momento tu hijo tiene forma humana; nunca lo reconocerán. Forma su corazón, enséñale a ser bueno como tú, y él no sabrá jamás que no es hombre. A menos… a menos que una madre de entre los hombres lo acuse; a menos que una madre no le exija que devuelva con su sangre lo que tú has dado por él, tu hijo será siempre digno ₁₅ de ti. Ve tranquila, madre, y apresúrate[3], que el hombre va a echar la puerta abajo.

Y la madre creyó a la serpiente, porque en todas las religiones de los hombres la serpiente conoce el misterio de las vidas que pueblan los mundos. Fue, pues, corriendo a abrir la puerta, y el hombre, ₂₀ furioso, entró con el revólver en la mano y buscó por todas partes sin hallar nada. Cuando salió, la mujer abrió, temblando, el rebozo bajo el cual ocultaba al tigrecito sobre su seno, y en su lugar vio a un niño que dormía tranquilo. Traspasada de dicha[4], lloró largo rato en silencio sobre su salvaje hijo hecho hombre; lágrimas de gratitud ₂₅ que doce años más tarde ese mismo hijo debía pagar con sangre sobre su tumba.

Pasó el tiempo. El nuevo niño necesitaba un nombre: se le puso Juan Darién. Necesitaba alimentos, ropa, calzado: se le dotó de todo, para lo cual la madre trabajaba día y noche. Ella era aún muy joven, ₃₀

---

1   a tientas: con incertidumbre
2   hallarse: sich befinden
3   apresurarse: darse prisa
4   traspasado/-a de dicha: lleno/-a de felicidad

y podría haberse vuelto a casar, si hubiera querido; pero le bastaba el amor entrañable[1] de su hijo, amor que ella devolvía con todo su corazón.

Juan Darién era, efectivamente, digno de ser querido: noble,
5 bueno y generoso como nadie. Por su madre, en particular, tenía una veneración[2] profunda. No mentía jamás. ¿Acaso por ser un ser salvaje en el fondo de su naturaleza? Es posible; pues no se sabe aún qué influencia puede tener en un animal recién nacido la pureza de un alma bebida con la leche en el seno de una santa mujer.

10 Tal era Juan Darién. E iba a la escuela con los chicos de su edad, los que se burlaban a menudo de él, a causa de su pelo áspero y su timidez. Juan Darién no era muy inteligente; pero compensaba esto con su gran amor al estudio.

Así las cosas, cuando la criatura iba a cumplir diez años, su
15 madre murió. Juan Darién sufrió lo que no es decible, hasta que el tiempo apaciguó[3] su pena. Pero fue en adelante un muchacho triste, que sólo deseaba instruirse[4].

Algo debemos confesar ahora: a Juan Darién no se le amaba en el pueblo. Las gentes de los pueblos encerrados en la selva no gustan
20 de los muchachos demasiado generosos y que estudian con toda el alma. Era, además, el primer alumno[5] de la escuela. Y este conjunto precipitó el desenlace[6] con un acontecimiento que dio razón a la profecía de la serpiente.

Apróntabase[7] el pueblo a celebrar una gran fiesta, y de la ciudad
25 distante habían mandado fuegos artificiales. En la escuela se dio un repaso general a los chicos, pues un inspector debía venir a observar las clases. Cuando el inspector llegó, el maestro hizo dar la lección al primero de todos: a Juan Darién. Juan Darién era el alumno más

---

1 entrañable: cariñoso/-a
2 la veneración: Verehrung
3 apaciguar: poner en paz, aquietar
4 instruirse: aprender, estudiar
5 el primer alumno: el mejor alumno
6 el desenlace: Ende, Ausgang
7 aprontar: prepararse

aventajado[1]; pero con la emoción del caso, tartamudeó[2] y la lengua se le trabó[3] con un sonido extraño. El inspector observó al alumno un largo rato, y habló en seguida en voz baja con el maestro.

—¿Quién es ese muchacho? —le preguntó—. ¿De dónde ha salido?   5

—Se llama Juan Darién —respondió el maestro—, y lo crió una mujer que ya ha muerto; pero nadie sabe de dónde ha venido.

—Es extraño, muy extraño... —murmuró el inspector, observando el pelo áspero y el reflejo verdoso que tenían los ojos de Juan Darién cuando estaba en la sombra.   10

El inspector sabía que en el mundo hay cosas mucho más extrañas que las que nadie puede inventar, y sabía al mismo tiempo que con preguntas a Juan Darién nunca podría averiguar si el alumno había sido antes lo que él temía: esto es, un animal salvaje. Pero así como hay hombres que en estados especiales recuerdan 15 cosas que les han pasado a sus abuelos, así era también posible que, bajo una sugestión hipnótica, Juan Darién recordara su vida de bestia salvaje. Y los chicos que lean esto y no sepan de qué se habla, pueden preguntarlo a las personas grandes.

Por lo cual el inspector subió a la tarima[4] y habló así: 20

—Bien, niño. Deseo ahora que uno de ustedes nos describa la selva. Ustedes se han criado casi en ella y la conocen bien. ¿Cómo es la selva? ¿Qué pasa en ella? Esto es lo que quiero saber. Vamos a ver, tú —añadió dirigiéndose a un alumno cualquiera—. Sube a la tarima y cuéntanos lo que hayas visto.   25

El chico subió, y aunque estaba asustado, habló un rato. Dijo que en el bosque hay árboles gigantes, enredaderas[5] y florecillas. Cuando concluyó, pasó otro chico a la tarima, después otro. Y aunque todos conocían bien la selva, respondieron lo mismo, porque los chicos y

---

1 aventajado/-a: begabt, hervorragend
2 tartamudear: stottern
3 trabar a/c: verriegeln, sperren
4 la tarima: la plataforma donde se encuentra el escritorio del maestro
5 la enredadera: Kletterpflanze, Liane

muchos hombres no cuentan lo que ven, sino lo que han leído sobre lo mismo que acaban de ver. Y al fin el inspector dijo:

—Ahora le toca al alumno Juan Darién.

Juan Darién subió a la tarima, se sentó y dijo más o menos lo que
5 los otros. Pero el inspector, poniéndole la mano sobre el hombro, exclamó:

—No, no. Quiero que tú recuerdes bien lo que has visto. Cierra los ojos.

Juan Darién cerró los ojos.

10 —Bien —prosiguió el inspector—. Dime lo que ves en la selva.

Juan Darién, siempre con los ojos cerrados, demoró[1] un instante en contestar.

—No veo nada —dijo al fin.

—Pronto vas a ver. Figurémonos que son las tres de la mañana,
15 poco antes del amanecer. Hemos concluido de comer, por ejemplo… estamos en la selva, en la oscuridad… Delante de nosotros hay un arroyo[2]… ¿Qué ves?

Juan Darién pasó otro momento en silencio. Y en la clase y en el bosque próximo había también un gran silencio. De pronto Juan
20 Darién se estremeció[3], y con voz lenta, como si soñara, dijo:

—Veo las piedras que pasan y las ramas que se doblan… Y el suelo… Y veo las hojas secas que se quedan aplastadas sobre las piedras…

¡Un momento! —le interrumpió el inspector— Las piedras y
25 las hojas que pasan: ¿a qué altura las ves?

El inspector preguntaba esto porque si Juan Darién estaba «viendo» efectivamente lo que él hacía en la selva cuando era animal salvaje e iba a beber después de haber comido, vería también que las piedras que encuentra un tigre o una pantera que se acercan
30 muy agachados[4] al río pasan a la altura de los ojos. Y repitió:

---

1 demorar: zögern
2 el arroyo: Bach
3 estremecer: erzittern, zittern
4 agachado/-a: kauernd

—¿A qué altura ves las piedras?

Y Juan Darién, siempre con los ojos cerrados, respondió:

—Pasan sobre el suelo... Rozan las orejas... Y las hojas sueltas se mueven con el aliento... Y siento la humedad del barro[1] en...

La voz de Juan Darién se cortó.   5

—¿En dónde? —preguntó con voz firme el inspector—. ¿Dónde sientes la humedad del agua?

—¡En los bigotes! —dijo con voz ronca Juan Darién, abriendo los ojos espantado[2].

Comenzaba el crepúsculo, y por la ventana se veía cerca la selva   10
ya lóbrega[3]. Los alumnos no comprendieron lo terrible de aquella evocación; pero tampoco se rieron de esos extraordinarios bigotes de Juan Darién, que no tenía bigote alguno. Y no se rieron, porque el rostro de la criatura estaba pálido y ansioso[4].

La clase había concluido. El inspector no era un mal hombre;   15
pero, como todos los hombres que viven muy cerca de la selva, odiaba ciegamente a los tigres; por lo cual dijo en voz baja al maestro:

—Es preciso[5] matar a Juan Darién. Es una fiera del bosque, posiblemente un tigre. Debemos matarlo, porque si no, él, tarde o temprano, nos matará a todos. Hasta ahora su maldad de fiera no ha   20
despertado; pero explotará un día u otro, y entonces nos devorará a todos, puesto que le permitimos vivir con nosotros. Debemos, pues, matarlo. La dificultad está en que no podemos hacerlo mientras tenga forma humana, porque no podremos probar ante todos que es un tigre. Parece un hombre, y con los hombres hay que   25
proceder con cuidado. Yo sé que en la ciudad hay un domador de fieras. Llamémoslo, y él hallará modo de que Juan Darién vuelva a su cuerpo de tigre. Y aunque no pueda convertirlo en tigre, las gentes nos creerán y podremos echarlo a la selva. Llamemos en seguida al domador, antes que Juan Darién se escape.   30

---

1   el barro: Schlamm
2   espantado/-a: entsetzt, erschrocken
3   lóbrego/-a: düster
4   ansioso/-a: besorgt
5   preciso/-a: *aquí* necesario/-a

Pero Juan Darién pensaba en todo, menos en escaparse, porque no se daba cuenta de nada. ¿Cómo podía creer que él no era hombre, cuando jamás había sentido otra cosa que amor a todos, y ni siquiera tenía odio a los animales dañinos?

5   Mas las voces fueron corriendo de boca en boca, y Juan Darién comenzó a sufrir sus efectos. No le respondían una palabra, se apartaban vivamente a su paso, y lo seguían desde lejos de noche.

—¿Qué tendré? ¿Por qué son así conmigo? —se preguntaba Juan Darién.

10 Y ya no solamente huían de él, sino que los muchachos le gritaban:

—¡Fuera de aquí! ¡Vuélvete donde has venido! ¡Fuera!

Los grandes también, las personas mayores, no estaban menos enfurecidas que los muchachos. Quién sabe qué llega a pasar si 15 la misma tarde de la fiesta no hubiera llegado por fin el ansiado domador de fieras. Juan Darién estaba en su casa preparándose la pobre sopa que tomaba, cuando oyó la gritería de las gentes que avanzaban precipitadas hacia su casa. Apenas tuvo tiempo de salir a ver qué era: Se apoderaron de él, arrastrándolo hasta la casa del 20 domador.

—¡Aquí está! —gritaban, sacudiéndolo[1]— ¡Es éste! ¡Es un tigre! ¡No queremos saber nada con tigres! ¡Quítele su figura de hombre y lo mataremos!

Y los muchachos, sus condiscípulos a quienes más quería, y las 25 mismas personas viejas, gritaban:

—¡Es un tigre! ¡Juan Darién nos va a devorar[2]! ¡Muera Juan Darién!

Juan Darién protestaba y lloraba porque los golpes llovían sobre él, y era una criatura de doce años. Pero en ese momento la gente 30 se apartó, y el domador, con grandes botas de charol[3], levita[4] roja y

---

1   sacudir: schütteln
2   devorar: verschlingen
3   la bota de charol: Lackstiefel
4   la levita: Gehrock

un látigo[1] en la mano, surgió ante Juan Darién. El domador lo miró fijamente, y apretó con fuerza el puño del látigo.

—¡Ah! —exclamó—. ¡Te reconozco bien! ¡A todos puedes engañar, menos a mí! ¡Te estoy viendo, hijo de tigres! ¡Bajo tu camisa estoy viendo las rayas del tigre! ¡Fuera la camisa, y traigan los perros cazadores! ¡Veremos ahora si los perros te reconocen como hombre o como tigre!

En un segundo arrancaron toda la ropa a Juan Darién y lo arrojaron dentro de la jaula para fieras.

—¡Suelten los perros, pronto! —gritó el domador—. ¡Y encomiéndate a los dioses de tu selva, Juan Darién!

Y cuatro feroces perros cazadores de tigres fueron lanzados dentro de la jaula.

El domador hizo esto porque los perros reconocen siempre el olor del tigre; y en cuanto olfatearan a Juan Darién sin ropa, lo harían pedazos, pues podrían ver con sus ojos de perros cazadores las rayas de tigre ocultas bajo la piel de hombre.

Pero los perros no vieron otra cosa en Juan Darién que el muchacho bueno que quería hasta a los mismos animales dañinos. Y movían apacibles la cola al olerlo.

—¡Devóralo! ¡Es un tigre! ¡Toca! ¡Toca! —gritaban a los perros. Y los perros ladraban y saltaban enloquecidos por la jaula, sin saber a qué atacar.

La prueba no había dado resultado.

—¡Muy bien! —exclamó entonces el domador—. Estos son perros bastardos, de casta de tigre. No le reconocen. Pero yo te reconozco, Juan Darién, y ahora nos vamos a ver nosotros.

Y así diciendo entró él en la jaula y levantó el látigo.

—¡Tigre! —gritó—. ¡Estás ante un hombre, y tú eres un tigre! ¡Allí estoy viendo, bajo tu piel robada de hombre, las rayas de tigre! ¡Muestra las rayas!

1   el látigo: Peitsche

Y cruzó el cuerpo de Juan Darién de un feroz latigazo. La pobre criatura desnuda lanzó un alarido[1] de dolor, mientras las gentes, enfurecidas, repetían.

—¡Muestra las rayas de tigre!

5 Durante un rato prosiguió el atroz[2] suplicio[3]; y no deseo que los niños que me oyen vean martirizar de este modo a ser alguno.

—¡Por favor! ¡Me muero! —clamaba Juan Darién.

—¡Muestra las rayas! —le respondían.

Por fin el suplicio concluyó. En el fondo de la jaula, arrinconado, 10 aniquilado[4] en un rincón, sólo quedaba su cuerpecito sangriento de niño, que había sido Juan Darién. Vivía aún, y aún podía caminar cuando se le sacó de allí; pero lleno de tales sufrimientos como nadie los sentirá nunca.

Lo sacaron de la jaula, y empujándolo por el medio de la calle, 15 lo echaban del pueblo. Iba cayéndose a cada momento, y detrás de él iban los muchachos, las mujeres y los hombres maduros, empujándolo.

—¡Fuera de aquí, Juan Darién! ¡Vuélvete a la selva, hijo de tigre y corazón de tigre! ¡Fuera, Juan Darién!

20 Y los que estaban lejos y no podían pegarle, le tiraban piedras.

Juan Darién cayó del todo, por fin, tendiendo en busca de apoyo sus pobres manos de niño. Y su cruel destino quiso que una mujer, que estaba parada a la puerta de su casa sosteniendo en los brazos a una inocente criatura, interpretara mal ese ademán[5] de súplica[6].

25 —¡Me ha querido robar a mi hijo! —gritó la mujer—. ¡Ha tendido las manos para matarlo! ¡Es un tigre! ¡Matémosle en seguida, antes que él mate a nuestros hijos!

Así dijo la mujer. Y de este modo se cumplía la profecía de la serpiente: Juan Darién moriría cuando una madre de los hombres

---

1 el alarido: el grito
2 atroz: schrecklich, schändlich, grausam
3 el suplicio: Quälerei
4 aniquilar: reducir a la nada, destruir enteramente, hacer perder el ánimo
5 el ademán: un movimiento del cuerpo
6 la súplica: Bitte, Flehen

le exigiera la vida y el corazón de hombre que otra madre le había dado con su pecho.

No era necesaria otra acusación para decidir a las gentes enfurecidas. Y veinte brazos con piedras en la mano se levantaban ya para aplastar[1] a Juan Darién cuando el domador ordenó desde ⁵ atrás con voz ronca:

—¡Marquémoslo con rayas de fuego! ¡Quemémoslo en los fuegos artificiales!

Ya comenzaba a oscurecer, y cuando llegaron a la plaza era noche cerrada. En la plaza habían levantado un castillo de fuegos de ¹⁰ artificio, con ruedas, coronas y luces de bengala. Ataron en lo alto del centro a Juan Darién, y prendieron la mecha[2] desde un extremo. El hilo de fuego corrió velozmente subiendo y bajando, y encendió el castillo entero. Y entre las estrellas fijas y las ruedas gigantes de todos colores, se vio allá arriba a Juan Darién sacrificado. ¹⁵

—¡Es tu último día de hombre, Juan Darién! —clamaban todos—. ¡Muestra las rayas!

—¡Perdón, perdón! —gritaba la criatura, retorciéndose[3] entre las chispas y las nubes de humo. Las ruedas amarillas, rojas y verdes giraban vertiginosamente[4], unas a la derecha y otras a la izquierda. ²⁰ Los chorros de fuego tangente trazaban grandes circunferencias; y en el medio, quemado por los regueros de chispas que le cruzaban el cuerpo, se retorcía Juan Darién.

—¡Muestra las rayas! —rugían aún de abajo.

—¡No, perdón! ¡Yo soy hombre! —tuvo aún tiempo de clamar la ²⁵ infeliz criatura. Y tras un nuevo surco de fuego, se pudo ver que su cuerpo se sacudía convulsivamente[5]; que sus gemidos adquirían un timbre profundo y ronco; y que su cuerpo cambiaba poco a poco de forma. Y la muchedumbre[6], con un grito salvaje de triunfo, pudo ver

---

1   aplastar: zerstören, zerquetschen
2   la mecha: Zündschnur
3   retorcerse: hacer movimientos por un dolor
4   vertiginosamente: *hier* schwindelerregend, rasend
5   convulsivamente: krampfhaft, krampfartig
6   la muchedumbre: la multitud de personas

surgir por fin, bajo la piel del hombre, las rayas negras, paralelas y fatales del tigre.

La atroz obra de crueldad se había cumplido; habían conseguido lo que querían. En vez de la criatura inocente de toda culpa, allá arriba no había sino un cuerpo de tigre que agonizaba[1] rugiendo.

Las luces de bengala se iban también apagando. Un último chorro de chispas con que moría una rueda alcanzó la soga[2] atada a las muñecas (no: a las patas del tigre, pues Juan Darién había concluido), y el cuerpo cayó pesadamente al suelo. Las gentes lo arrastraron hasta la linde[3] del bosque, abandonándolo allí para que los chacales devoraran su cadáver y su corazón de fiera.

Pero el tigre no había muerto. Con la frescura nocturna volvió en sí, y arrastrándose presa de horribles tormentos se internó en la selva. Durante un mes entero no abandonó su guarida[4] en lo más tupido[5] del bosque, esperando con sombría paciencia de fiera que sus heridas curaran. Todas cicatrizaron[6] por fin, menos una, una profunda quemadura en el costado, que no cerraba, y que el tigre vendó[7] con grandes hojas.

Porque había conservado de su forma recién perdida tres cosas: el recuerdo vivo del pasado, la habilidad de sus manos, que manejaba como un hombre, y el lenguaje. Pero en el resto, absolutamente en todo, era una fiera, que no se distinguía en lo más mínimo de los otros tigres.

Cuando se sintió por fin curado, pasó la voz a los demás tigres de la selva para que esa misma noche se reunieran delante del gran cañaveral[8] que lindaba con los cultivos. Y al entrar la noche se encaminó silenciosamente al pueblo. Trepó[9] a un árbol de los

---

1 agonizar: im Sterben liegen
2 la soga: Seil, Strick
3 la linde: el límite
4 la guarida: el refugio
5 tupido/-a: dicht, buschig
6 cicatrizar: vernarben, verheilen
7 vendar: verbinden, bandagieren
8 el cañaveral: Ried, Röhricht
9 trepar: klettern, erklimmen

alrededores y esperó largo tiempo inmóvil. Vio pasar bajo él sin inquietarse a mirar siquiera, pobres mujeres y labradores fatigados, de aspecto miserable; hasta que al fin vio avanzar por el camino a un hombre de grandes botas y levita roja.

El tigre no movió una sola ramita al recogerse para saltar. Saltó 5 sobre el domador; de una manotada[1] lo derribó[2] desmayado[3], y cogiéndolo entre los dientes por la cintura, lo llevó sin hacerle daño hasta el juncal[4].

Allí, al pie de las inmensas cañas que se alzaban invisibles, estaban los tigres de la selva moviéndose en la oscuridad, y sus 10 ojos brillaban como luces que van de un lado para otro. El hombre proseguía desmayado. El tigre dijo entonces:

—Hermanos: Yo viví doce años entre los hombres, como un hombre mismo. Y yo soy un tigre. Tal vez pueda con mi proceder borrar más tarde esta mancha[5]. Hermanos: Esta noche rompo el 15 último lazo que me liga al pasado.

Y después de hablar así, recogió en la boca al hombre, que proseguía desmayado, y trepó con él a lo más alto del cañaveral, donde lo dejó atado entre dos bambúes. Luego prendió fuego a las hojas secas del suelo, y pronto una llamarada[6] crujiente ascendió. 20 Los tigres retrocedían espantados ante el fuego. Pero el tigre les dijo: «¡Paz, hermanos!», y aquéllos se apaciguaron, sentándose de vientre[7] con las patas cruzadas a mirar.

El juncal ardía como un inmenso castillo de artificio. Las cañas estallaban como bombas, y sus gases se cruzaban en agudas[8] flechas 25 de color. Las llamaradas ascendían en bruscas y sordas bocanadas,

---

1   la manotada: un golpe con la mano
2   derribar: niederschlagen, niederstrecken
3   desmayado/-a: ohnmächtig
4   el juncal: Binsendickicht (*aquí* el cañaveral)
5   la mancha: (Schand-)Fleck, Makel
6   la llamarada: Strohfeuer, Flamme
7   el vientre: Bauch, Unterleib
8   agudo/-a: scharf, spitz

dejando bajo ella lívidos[1] huecos; y en la cúspide[2], donde aún no llegaba el fuego, las cañas se balanceaban crispadas por el calor.

Pero el hombre, tocado por las llamas, había vuelto en sí. Vio allá abajo a los tigres con los ojos cárdenos[3] alzados a él, y lo comprendió todo.

—¡Perdón, perdóname! —aulló retorciéndose—. ¡Pido perdón por todo!

Nadie contestó. El hombre se sintió entonces abandonado de Dios, y gritó con toda su alma:

—¡Perdón, Juan Darién!

Al oír esto, Juan Darién alzó la cabeza y dijo fríamente:

—Aquí no hay nadie que se llame Juan Darién. No conozco a Juan Darién. Éste es un nombre de hombre, y aquí somos todos tigres.

Y volviéndose a sus compañeros, como si no comprendiera, preguntó:

—¿Alguno de ustedes se llama Juan Darién?

Pero ya las llamas habían abrasado el castillo hasta el cielo. Y entre las agudas luces de bengala que entrecruzaban la pared ardiente, se pudo ver allá arriba un cuerpo negro que se quemaba humeando.

—Ya estoy pronto, hermanos —dijo el tigre—. Pero aún me queda algo por hacer.

Y se encaminó de nuevo al pueblo, seguido por los tigres sin que él lo notara. Se detuvo ante un pobre y triste jardín, saltó la pared, y pasando al costado de muchas cruces y lápidas, fue a detenerse ante un pedazo de tierra sin ningún adorno, donde estaba enterrada la mujer a quien había llamado madre ocho años. Se arrodilló –se arrodilló como un hombre–, y durante un rato no se oyó nada.

—¡Madre! —murmuró por fin el tigre con profunda ternura[4]—. Tú sola supiste, entre todos los hombres, los sagrados derechos a

---

1 lívido/-a: de color oscuro, entre negro y azul
2 la cúspide: Wipfel, Spitze, Gipfel
3 cárdeno/-a: de color oscuro
4 la ternura: Zärtlichkeit

la vida de todos los seres del Universo. Tú sola comprendiste que el hombre y el tigre se diferencian únicamente por el corazón. Y tú me enseñaste a amar, a comprender, a perdonar. ¡Madre!, estoy seguro de que me oyes. Soy tu hijo siempre, a pesar de lo que pase en adelante, pero de ti sólo. ¡Adiós, madre mía!   5

Y viendo al incorporarse los ojos cárdenos de sus hermanos que lo observaban tras la tapia[1], se unió otra vez a ellos.

El viento cálido[2] les trajo en ese momento, desde el fondo de la noche, el estampido[3] de un tiro.

—Es en la selva —dijo el tigre—. Son los hombres. Están cazando,   10 matando, degollando[4].

Volviéndose entonces hacia el pueblo que iluminaba el reflejo de la selva encendida, exclamó:

—¡Raza sin redención[5]! ¡Ahora me toca a mí!

Y retornando a la tumba en que acaba de orar, arrancóse[6] de un   15 manotón[7] la venda de la herida y escribió en la cruz con su propia sangre, en grandes caracteres, debajo del nombre de su madre:

Y

JUAN DARIÉN

—Ya estamos en paz —dijo. Y enviando con sus hermanos un   20 rugido de desafío[8] al pueblo aterrado[9], concluyó:

—Ahora, a la selva. ¡Y tigre para siempre!

De *El desierto* (1924)

---

1   la tapia: la pared de un jardín
2   cálido/-a: caliente
3   el estampido: el ruido fuerte y seco
4   degollar a alg.: matar a alg. cortando la garganta o el cuello
5   la redención: Erlösung
6   arrancóse: se arrancó
7   el manotón: el golpe con la mano
8   el desafío: Herausforderung
9   aterrar: aterrorizar

Tareas

1. Divide el cuento en varias partes, dándoles subtítulos a cada parte, y después resume el cuento en tus propias palabras.
2. Describe lo fantástico en este cuento y explica de qué forma de lo fantástico se trata, p. ej. según la clasificación de Bioy Casares.
3. Caracteriza a Juan Darién.
4. Explica por qué escribe en la cruz sobre la tumba de su madre «Y JUAN DARIÉN».
5. Compara la actitud de los seres humanos en este cuento con la actitud de los animales en «El libro de la selva» de Rudyard Kipling.

Leopoldo Lugones

Yzur

Compré el mono en el remate[1] de un circo que había quebrado[2].

La primera vez que se me ocurrió tentar la experiencia a cuyo relato están dedicadas estas líneas, fue una tarde, leyendo no sé dónde, que los naturales de Java atribuían la falta de lenguaje articulado en los monos a la abstención[3], no a la incapacidad. «No hablan, decían, para que no los hagan trabajar».

Semejante idea, nada profunda al principio, acabó por preocuparme hasta convertirse en este postulado[4] antropológico:

Los monos fueron hombres que por una u otra razón dejaron de hablar. El hecho produjo la atrofia[5] de sus órganos de fonación y de los centros cerebrales del lenguaje; debilitó casi hasta suprimirla la relación entre unos y otros, fijando el idioma de la especie en el grito inarticulado, y el humano primitivo descendió a ser animal.

Claro es que si llegara a demostrarse esto quedarían explicadas desde luego todas las anomalías que hacen del mono un ser tan singular; pero esto no tendría sino una demostración posible: volver el mono al lenguaje.

Entre tanto había corrido el mundo con el mío, vinculándolo cada vez más por medio de peripecias[6] y aventuras. En Europa llamó la atención, y de haberlo querido, llego a darle la celebridad de un Cónsul; pero mi seriedad de hombre de negocios mal se avenía con tales payasadas.

---

1 el remate: Auktion
2 quebrar: hier bankrottgehen
3 la abstención: Enthaltung
4 el postulado: Postulat, Ausgangspunkt einer Theorie
5 la atrofia: Verkümmerung
6 la peripecia: un cambio repentino de situación o un accidente imprevisto

Trabajado por mi idea fija del lenguaje de los monos, agoté toda la bibliografía concerniente al problema, sin ningún resultado apreciable. Sabía únicamente, con entera seguridad, *que no hay ninguna razón científica para que el mono no hable.* Esto llevaba
5 cinco años de meditaciones.

Yzur (nombre cuyo origen nunca pude descubrir, pues lo ignoraba[1] igualmente su anterior patrón), Yzur era ciertamente un animal notable. La educación del circo, bien que reducida casi enteramente al mimetismo[2], había desarrollado mucho sus
10 facultades; y esto era lo que me incitaba[3] más a ensayar sobre él mi en apariencia disparatada[4] teoría.

Por otra parte, sábese que el chimpancé (Yzur lo era) es entre los monos el mejor provisto de cerebro y uno de los más dóciles, lo cual aumentaba mis probabilidades. Cada vez que lo veía avanzar
15 en dos pies, con las manos a la espalda para conservar el equilibrio, y su aspecto de marinero borracho, la convicción de su humanidad detenida se vigorizaba[5] en mí.

No hay a la verdad razón alguna para que el mono no articule absolutamente. Su lenguaje natural, es decir, el conjunto de gritos
20 con que se comunica a sus semejantes, es asaz[6] variado; su laringe[7], por más distinta que resulte de la humana, nunca lo es tanto como la del loro, que habla sin embargo; y en cuanto a su cerebro, fuera de que la comparación con el de este último animal desvanece toda duda, basta recordar que el del idiota es también rudimentario,
25 a pesar de lo cual hay cretinos que pronuncian algunas palabras. Por lo que hace a la circunvolución de Broca[8], depende, es claro,

---

1 Ignorar: no saber
2 el mimetismo: repetir o copiar lo que hace otra persona
3 incitar a alg.: jdn. ermutigen, anspornen, motivieren
4 disparatado/-a: unsinnig
5 vigorizar: beleben
6 asaz: bastante, muy
7 la laringe: Kehlkopf
8 circunvolución (cerebral) de Broca: Das Broca-Areal oder Broca-Zentrum ist eine Region der Großhirnrinde, die als eine der beiden Hauptkomponenten des Sprachzentrums angesehen wird.

del desarrollo total del cerebro; fuera de que no está probado que ella sea fatalmente el sitio de localización del lenguaje. Si es el caso de localización mejor establecido en anatomía, los hechos contradictorios son desde luego incontestables.

Felizmente los monos tienen, entre sus muchas malas [5] condiciones, el gusto por aprender, como lo demuestra su tendencia imitativa; la memoria feliz, la reflexión que llega hasta una profunda facultad de disimulo, y la atención comparativamente más desarrollada que en el niño. Es, pues, un sujeto pedagógico de los más favorables. [10]

El mío era joven además, y es sabido que la juventud constituye la época más intelectual del mono, parecido en esto al negro[1]. La dificultad estribaba solamente en el método que se emplearía para comunicarle la palabra. Conocía todas las infructuosas tentativas de mis antecesores; y está de más decir, que ante la competencia de [15] algunos de ellos y la nulidad de todos sus esfuerzos, mis propósitos fallaron más de una vez, cuando el tanto pensar sobre aquel tema fue llevándome a esta conclusión:

Lo primero consiste en desarrollar el aparato de fonación del mono.

Así es, en efecto, como se procede con los sordomudos antes de [20] llevarlos a la articulación; y no bien hube reflexionado sobre esto, cuando las analogías entre el sordomudo y el mono se agolparon[2] en mi espíritu.

Primero de todo, su extraordinaria movilidad mímica que compensa al lenguaje articulado, demostrando que no por dejar de [25] hablar se deja de pensar, así haya disminución[3] de esta facultad por la paralización de aquella. Después otros caracteres más peculiares

---

1   Diese eindeutig rassistische Aussage sollte im (pseudo-wissenschaftlichen) Kontext der Kurzgeschichte und der Realität der damaligen Zeit verstanden werden: Ende des 19. und zu Beginn des 20. Jahrhunderts wurde in der Gesellschaft allgemein und auch in der Wissenschaft noch an die Kategorisierung des Menschen in Rassen geglaubt. Diese Denkweise entbehrt heute jeglicher Basis und Gültigkeit.

2   agolpar: juntarse

3   la disminución: Rückgang, Verminderung

por ser más específicos: la diligencia[1] en el trabajo, la fidelidad, el coraje, aumentados hasta la certidumbre por estas dos condiciones cuya comunidad es verdaderamente reveladora; la facilidad para los ejercicios de equilibrio y la resistencia al marco.

5 Decidí, entonces, empezar mi obra con una verdadera gimnasia de los labios y de la lengua de mi mono, tratándolo en esto como a un sordomudo. En lo restante, me favorecería el oído para establecer comunicaciones directas de palabra, sin necesidad de apelar[2] al tacto. El lector verá que en esta parte prejuzgaba con demasiado 10 optimismo.

Felizmente, el chimpancé es de todos los grandes monos el que tiene labios más movibles; y en el caso particular, habiendo padecido Yzur de anginas[3], sabía abrir la boca para que se la examinaran.

La primera inspección confirmó en parte mis sospechas. La 15 lengua permanecía en el fondo de su boca, como una masa inerte, sin otros movimientos que los de la deglución[4]. La gimnasia produjo luego su efecto, pues a los dos meses ya sabía sacar la lengua para burlar. Ésta fue la primera relación que conoció entre el movimiento de su lengua y una idea; una relación perfectamente acorde con su 20 naturaleza, por otra parte.

Los labios dieron más trabajo, pues hasta hubo que estirárselos con pinzas[5]; pero apreciaba –quizá por mi expresión– la importancia de aquella tarea anómala y la acometía[6] con viveza. Mientras yo practicaba los movimientos labiales que debía imitar, permanecía 25 sentado, rascándose la grupa[7] con su brazo vuelto hacia atrás y guiñando en una concentración dubitativa, o alisándose[8] las

---

1 la diligencia: Sorgfalt, Fleiß, Gewissenhaftigkeit
2 apelar a a/c: recurrir a a/c, insistir en a/c
3 la angina: Mandelentzündung
4 la deglución: Schlucken
5 la pinza: Pinzette
6 acometer: emprender, intentar
7 la grupa: Hinterteil
8 alisar a/c: etw. glätten

patillas[1] con todo el aire de un hombre que armoniza sus ideas por medio de ademanes[2] rítmicos. Al fin aprendió a mover los labios.

Pero el ejercicio del lenguaje es un arte difícil, como lo prueban los largos balbuceos[3] del niño, que lo llevan, paralelamente con su desarrollo intelectual, a la adquisición del hábito. Está demostrado, en efecto, que el centro propio de las inervaciones[4] vocales se halla asociado con el de la palabra en forma tal, que el desarrollo normal de ambos depende de su ejercicio armónico; y esto ya lo había presentado en 1785 Heinicke[5], el inventor del método oral para la enseñanza de los sordomudos, como una consecuencia filosófica. Hablaba de una «concatenación[6] dinámica de las ideas», frase cuya profunda claridad honraría a más de un psicólogo contemporáneo.

Yzur se encontraba, respecto al lenguaje, en la misma situación del niño que antes de hablar entiende ya muchas palabras; pero era mucho más apto para asociar los juicios que debía poseer sobre las cosas, por su mayor experiencia de la vida.

Estos juicios, que no debían ser sólo de impresión, sino también inquisitivos[7] y disquisitivos, a juzgar por el carácter diferencial que asumían, lo cual supone un raciocinio abstracto[8], le daban un grado superior de inteligencia muy favorable por cierto a mi propósito.

Si mis teorías parecen demasiado audaces, basta con reflexionar que el silogismo, o sea el argumento lógico fundamental, no es extraño a la mente de muchos animales. Como que el silogismo es originariamente una comparación entre dos sensaciones. Si no, ¿por qué los animales que conocen al hombre huyen de él, y no los que nunca le conocieron?...

1   las patillas: Koteletten
2   el ademán: un movimiento del cuerpo
3   el balbuceo: Gestammel, Gestotter
4   la inervación: Innervation, Leitung der Reize durch die Nerven
5   Samuel Heinicke (1727–1790): deutscher Pädagoge, als Erfinder der *Deutschen Methode* der Gehörlosenpädagogik bekannt, die auditiv-verbal ausgerichtet ist
6   la concatenación: Verknüpfung, Verkettung
7   inquisitivo/-a: forschend, wissbegierig
8   el raciocino abstracto: *hier* Abstraktionsvermögen

Comencé, entonces, la educación fonética de Yzur.

Tratábase[1] de enseñarle primero la palabra mecánica, para llevarlo progresivamente a la palabra sensata[2].

Poseyendo el mono la voz, es decir, llevando esto de ventaja al
5 sordomudo, con más ciertas articulaciones rudimentarias, tratábase de enseñarle las modificaciones de aquella, que constituyen los fonemas[3] y su articulación, llamada por los maestros estática o dinámica, según que se refiera a las vocales o a las consonantes.

Dada la glotonería[4] del mono, y siguiendo en esto un método
10 empleado por Heinicke con los sordomudos, decidí asociar cada vocal con una golosina: a con papa; e con leche; i con vino; o con coco; u con azúcar, haciendo de modo que la vocal estuviese contenida en el nombre de la golosina, ora[5] con dominio único y repetido como en papa, coco, leche, ora reuniendo los dos acentos,
15 tónico y prosódico[6], es decir, como fundamental: vino, azúcar.

Todo anduvo bien, mientras se trató de las vocales, o sea los sonidos que se forman con la boca abierta. Yzur los aprendió en quince días. Sólo que a veces, el aire contenido en sus abazones[7] les daba una rotundidad de trueno[8]. La u fue lo que más le costó
20 pronunciar.

Las consonantes me dieron un trabajo endemoniado, y a poco hube de comprender que nunca llegaría a pronunciar aquellas en cuya formación entran los dientes y las encías[9]. Sus largos colmillos[10] y sus abazones, lo estorbaban enteramente.

---

1 tratábase: se trataba
2 sensato/-a: *aquí* que tiene sentido, significado
3 el fonema: Phonem, die kleinste bedeutungsunterscheidende sprachliche Einheit (z. B. *Bass* und *Pass*)
4 la glotonería: Fressgier, Völlerei
5 ora...ora: ahora... ahora...
6 tónico y prosódico: die Betonung der Silben betreffend
7 el abazón: Backentasche
8 el trueno: Donner
9 la encía: Zahnfleisch
10 el colmillo: Eckzahn, Reißzahn

El vocabulario quedaba reducido, entonces a las cinco vocales, la b, la *k*, la *m*, la *g*, la *f* y la *c*, es decir todas aquellas consonantes en cuya formación no intervienen sino el paladar[1] y la lengua.

Aun para esto no me bastó el oído. Hube de recurrir al tacto como un sordomudo, apoyando su mano en mi pecho y luego en el suyo para que sintiera las vibraciones del sonido. 5

Y pasaron tres años, sin conseguir que formara palabra alguna. Tendía[2] a dar a las cosas, como nombre propio, el de la letra cuyo sonido predominaba en ellas. Esto era todo.

En el circo había aprendido a ladrar como los perros, sus 10 compañeros de tarea; y cuando me veía desesperar ante las vanas tentativas para arrancarle la palabra, ladraba fuertemente como dándome todo lo que sabía. Pronunciaba aisladamente las vocales y consonantes, pero no podía asociarlas. Cuando más, acertaba con una repetición de *pes* y *emes*. 15

Por despacio que fuera, se había operado un gran cambio en su carácter. Tenía menos movilidad en las facciones[3], la mirada más profunda, y adoptaba posturas meditativas. Había adquirido, por ejemplo, la costumbre de contemplar las estrellas. Su sensibilidad se desarrollaba igualmente; íbasele notando una gran facilidad de 20 lágrimas. Las lecciones continuaban con inquebrantable tesón[4], aunque sin mayor éxito. Aquello había llegado a convertirse en una obsesión dolorosa, y poco a poco sentíame inclinado a emplear la fuerza. Mi carácter iba agriándose[5] con el fracaso, hasta asumir una sorda animosidad contra Yzur. Éste se intelectualizaba más, 25 en el fondo de su mutismo rebelde, y empezaba a convencerme de que nunca lo sacaría de allí, cuando supe de golpe que no hablaba porque no quería. El cocinero, horrorizado, vino a decirme una noche que había sorprendido al mono «hablando verdaderas

---

1   el paladar: Gaumen
2   tender a a/c: zu etw. tendieren
3   la facción: cada una de las partes del rostro humano
4   el tesón: Hartnäckigkeit
5   agriarse: sauer werden

palabras». Estaba, según su narración, acurrucado[1] junto a una higuera[2] de la huerta; pero el terror le impedía recordar lo esencial de esto, es decir, las palabras. Sólo creía retener dos: cama y pipa. Casi le doy de puntapiés[3] por su imbecilidad.

5   No necesito decir que pasé la noche poseído de una gran emoción; y lo que en tres años no había cometido, el error que todo lo echó a perder, provino del enervamiento[4] de aquel desvelo[5], tanto como de mi excesiva curiosidad.

En vez de dejar que el mono llegara naturalmente a la
10   manifestación del lenguaje, lláméle al día siguiente y procuré imponérsela por obediencia[6].

No conseguí sino las pes y las *emes* con que me tenía harto, las guiñadas[7] hipócritas[8] y –Dios me perdone– una cierta vislumbre[9] de ironía en la azogada ubicuidad de sus muecas[10].

15   Me encolericé, y sin consideración alguna, le di de azotes[11]. Lo único que logré fue su llanto y un silencio absoluto que excluía hasta los gemidos.

A los tres días cayó enfermo, en una especie de sombría[12] demencia complicada con síntomas de meningitis. Sanguijuelas[13],
20   afusiones frías, purgantes[14], revulsivos cutáneos, alcoholaturo de brionia[15], bromuro[16] –toda la terapéutica del espantoso mal

---

1   acurrucado/-a: zusammengekauert, gekauert
2   la higuera: Feigenbaum
3   el puntapíes: un golpe que se da con la punta del pie
4   el enervamiento: Entnerven, Schwächen
5   el desvelo: Enthüllung, Entdeckung
6   la obediencia: Gehorsam
7   la guiñada: Zwinkern
8   hipócrito/-a: heuchlerisch, verlogen
9   la vislumbre: Schimmer, Andeutung
10   la mueca: Grinsen, Grimasse
11   dar de azotes a alg.: jdn. auspeitschen
12   sombrío/-a: düster, trostlos
13   la sanguijuela: Blutegel
14   el purgante: Abführmittel
15   el alcoholaturo de brionia: in Alkohol eingelegte Nüsse
16   bromuro: Bromid

le fue aplicada. Luché con desesperado brío[1], a impulsos de un remordimiento[2] y de un temor[3]. Aquél por creer a la bestia una víctima de mi crueldad; éste por la suerte del secreto que quizá se llevaba a la tumba.

Mejoró al cabo de mucho tiempo, quedando, no obstante, tan 5 débil, que no podía moverse de su cama. La proximidad de la muerte habíalo ennoblecido y humanizado. Sus ojos llenos de gratitud, no se separaban de mí, siguiéndome por toda la habitación como dos bolas giratorias, aunque estuviese detrás de él; su mano buscaba las mías en una intimidad de convalecencia. En mi gran soledad, iba 10 adquiriendo rápidamente la importancia de una persona.

El demonio del análisis, que no es sino una forma del espíritu de perversidad, impulsábame, sin embargo, a renovar mis experiencias. En realidad el mono había hablado. Aquello no podía quedar así.

Comencé muy despacio, pidiéndole las letras que sabía 15 pronunciar. ¡Nada! Dejelo solo durante horas, espiándolo por un agujerillo[4] del tabique[5]. ¡Nada! Hablele con oraciones breves, procurando tocar su fidelidad o su glotonería. ¡Nada! Cuando aquéllas eran patéticas[6], los ojos se le hinchaban[7] de llanto[8]. Cuando le decía una frase habitual, como el «yo soy tu amo[9]» con 20 que empezaba todas mis lecciones, o el «tú eres mi mono» con que completaba mi anterior afirmación, para llevar a un espíritu la certidumbre de una verdad total, él asentía cerrando los párpados[10]; pero no producía sonido, ni siquiera llegaba a mover los labios.

Había vuelto a la gesticulación como único medio de comunicarse 25 conmigo; y este detalle, unido a sus analogías con los sordomudos,

1   el brío: la fuerza
2   el remordimiento: Reue
3   el temor: el miedo, el recelo de un daño futuro
4   el agujerillo: una abertura más o menos redondeada en alguna cosa
5   el tabique: Zwischenwand, Trennwand
6   patético/-a: armselig, erbärmlich
7   hinchar: anschwellen
8   el llanto: Weinen
9   el amo/la ama: el dueño/la dueña, el/la poseedor/a
10   el párpado: Augenlid

hacía redoblar mis preocupaciones, pues nadie ignora la gran predisposición de estos últimos a las enfermedades mentales[1]. Por momentos deseaba que se volviera loco, a ver si el delirio rompía al fin su silencio. Su convalecencia seguía estacionaria. La misma flacura,
5 la misma tristeza. Era evidente que estaba enfermo de inteligencia y de dolor. Su unidad orgánica habíase roto al impulso de una cerebración[2] anormal, y día más, día menos, aquél era caso perdido. Más, a pesar de la mansedumbre[3] que el progreso de la enfermedad aumentaba en él, su silencio, aquel desesperante silencio provocado
10 por mi exasperación, no cedía. Desde un oscuro fondo de tradición petrificada en instinto, la raza imponía[4] su milenario mutismo al animal, fortaleciéndose de voluntad atávica[5] en las raíces mismas de su ser. Los antiguos hombres de la selva, que forzó al silencio, es decir, al suicidio intelectual, quién sabe qué bárbara injusticia,
15 mantenían su secreto formado por misterios de bosque y abismos[6] de prehistoria, en aquella decisión ya inconsciente, pero formidable con la inmensidad de su tiempo. Infortunios[7] del antropoide[8] retrasado en la evolución cuya delantera tomaba el humano con un despotismo de sombría barbarie, habían, sin duda, destronado
20 a las grandes familias cuadrumanas[9] del dominio arbóreo de sus primitivos edenes, raleando[10] sus filas, cautivando[11] sus hembras para organizar la esclavitud desde el propio vientre materno, hasta

1 Auch dieses Vorurteil bzgl. der Gehörlosen spiegelt den Zeitgeist der damaligen Epoche wider und entspricht nicht dem heutigen Wissensstand.
2 la cerebración: un proceso mental que resulta de la actividad cerebral
3 la mansedumbre: Milde, Sanftmut
4 imponer: auferlegen, aufzwingen
5 atávico/-a: atavistisch, d.h. das Wiederauftreten von Merkmalen, die bei entfernteren stammesgeschichtlichen Vorfahren ausgebildet waren, heute aber nicht mehr existieren
6 el abismo: Abgrund
7 el infortunio: Unglück, Ungemach
8 antropoide: menschenähnlich
9 cuadrumano/-a: opponierbar; mit einer Greifhand ausgestattet
10 ralear: ausdünnen
11 cautivar a alg.: aprisionar a alg.

infundir[1] a su impotencia de vencidas el acto de dignidad mortal
que las llevaba a romper con el enemigo el vínculo superior también,
pero infausto[2], de la palabra, refugiándose como salvación suprema
en la noche de la animalidad.

Y qué horrores, qué estupendas sevicias[3] no habrían cometido
los vencedores con la semibestia en trance de evolución, para que
ésta, después de haber gustado el encanto intelectual que es el fruto
paradisíaco de las biblias, se resignara a aquella claudicación[4] de su
extirpe[5] en la degradante igualdad de los inferiores; a aquel retroceso
que cristalizaba por siempre su inteligencia en los gestos de un
automatismo de acróbata; a aquella gran cobardía de la vida que
encorvaría[6] eternamente, como en distintivo[7] bestial, sus espaldas
de dominado, imprimiéndole ese melancólico azoramiento[8] que
permanece en el fondo de su caricatura.

He aquí[9] lo que, al borde mismo del éxito, había despertado mi
malhumor en el fondo del limbo atávico. A través del millón de años,
la palabra, con su conjuro, removía la antigua alma simiana[10]; pero
contra esa tentación que iba a violar las tinieblas de la animalidad
protectora, la memoria ancestral, difundida en la especie bajo
un instintivo horror, oponía también edad sobre edad como una
muralla.

Yzur entró en agonía sin perder el conocimiento. Una dulce
agonía a ojos cerrados, con respiración débil, pulso vago, quietud
absoluta, que sólo interrumpía para volver de cuando en cuando
hacia mí, con una desgarradora[11] expresión de eternidad, su cara

---

1   infundir: einflößen
2   infausto/-a: infeliz, desgraciado
3   la sevicia: la crueldad excesiva, el trato cruel
4   la claudicación: Aufgabe, sich geschlagen geben
5   el extirpe: *hier* Linie, Geschlecht, Familie
6   encorvar: beugen, krümmen, bücken
7   el distintivo: Erkennungszeichen, Merkmal
8   el azoramiento: Schreck, Ängstlichkeit
9   he aquí: expresión para señalar o mostrar algo: «aquí tenemos»
10   simiano/-a: perteneciente a los monos
11   desgarrador/-a: herzzerreißend

de viejo mulato triste. Y la última noche, la tarde de su muerte, fue cuando ocurrió la cosa extraordinaria que me ha decidido a emprender esta narración.

Habíame dormitado a su cabecera, vencido por el calor y la
5 quietud del crepúsculo[1] que empezaba, cuando sentí de pronto que me asían[2] por la muñeca.

Desperté sobresaltado. El mono, con los ojos muy abiertos, se moría definitivamente aquella vez, y su expresión era tan humana, que me infundió horror; pero su mano, sus ojos, me atraían con
10 tanta elocuencia hacia él, que hube de inclinarme de inmediato a su rostro; y entonces, con su último suspiro, el último suspiro que coronaba y desvanecía a la vez mi esperanza, brotaron[3] –estoy seguro–, brotaron en un murmullo (¿cómo explicar el tono de una voz que ha permanecido sin hablar diez mil siglos?) estas palabras
15 cuya humanidad reconciliaba las especies:

–AMO, AGUA, AMO, MI AMO...

De *Las fuerzas extrañas* (1906)

Tareas

1. Divide el cuento en varias partes, dándoles subtítulos a cada parte, y después resume el cuento en tus propias palabras.
2. Describe lo fantástico en este cuento y explica de qué forma de lo fantástico se trata, p. ej. según la clasificación de Bioy Casares.
3. Expón el desarrollo de Yzur tal como lo describe el narrador.
4. Yzur ha muerto y su amo lo acaba de sepultar en su jardín. Escribe un monólogo interior del narrador al estar de vuelta en su casa.
5. ¿Qué es, en tu opinión, la moraleja de este cuento? Justifica con referencias al texto.

---

1 el crepúsculo: Abenddämmerung
2 asir: tomar o coger con la mano
3 brotar: hervorkommen, sprudeln

Rubén Darío

Verónica

Fray Tomás de la Pasión era un espíritu perturbado por el demonio de la ciencia. Flaco, anguloso[1], nervioso, pálido, dividía sus horas del convento entre la oración, la disciplina y el laboratorio. Había estudiado las ciencias ocultas antiguas, nombraba con cierto énfasis, en las conversaciones del refectorio, a Paracelso[2] y a Alberto el Grande[3], y admiraba a ese otro fraile Schwarz[4], que nos hizo el favor de mezclar el salitre con el azufre.

Por la ciencia había llegado hasta penetrar en ciertas iniciaciones astrológicas y quirománticas[5]; ella le desviaba de la contemplación y del espíritu de la Escritura[6]; en su alma estaba el mal de la curiosidad, la oración misma era olvidada con frecuencia, cuando algún experimento le mantenía caviloso[7] y febril; llegó hasta pretender probar sus facultades de zahorí[8], y los efectos de la magia blanca. No había duda de que estaba en gran peligro su alma, a causa de su sed de saber y de su olvido de que la ciencia constituye sencillamente, en el principio, el arma de la Serpiente; en el fin, la esencial potencia del Anticristo.

¡Oh, ignorancia feliz, santa ignorancia! Fray Tomás de la Pasión no comprendía tu celeste virtud, que pone un especial nimbo[9] a

---

1 anguloso/-a: eckig
2 Paracelso (1493–1541): médico, alquimista y astrólogo suizo
3 San Alberto Magno (~1200–1280): sacerdote, obispo, teólogo alemán y figura representativa de la química y la ciencia medieval
4 Berthold Schwarz (1318–1384): alquimista y fraile alemán a quien se le atribuye tradicionalmente la invención de la pólvora (Schwarzpulver), bien que esta ya era conocida en China y Europa
5 quiromántico/-a: perteneciente a la quiromancia (Handlesekunst)
6 la Escritura: die Heilige Schrift
7 caviloso/-a: grüblerisch
8 el/la zahorí: Hellseher, Hellseherin
9 el nimbo: Heiligenschein

ciertos mínimos siervos de Dios, entre los esplendores místicos y milagrosos de las hagiografías[1]. Los doctores explican y comentan altamente, cómo ante los ojos del Espíritu Santo, las almas de amor son de modo mayor glorificadas que las almas de entendimiento.

Hello[2] ha pintado, en los sublimes *vitraux*[3] de sus *Fisonomías de santos*, a esos beneméritos de la Caridad, a esos favorecidos de la humildad, a esos seres columbinos[4], sencillos y blancos como los lirios[5], limpios de corazón, pobres de espíritu, bienaventurados hermanos de los pajaritos del Señor, mirados con ojos cariñosos y sororales por las puras estrellas del firmamento. Huysmans[6] en el maravilloso libro en que Durtal se convierte, viste de resplandores paradisíacos al lego[7] guardapuercos que hace bajar a la pocilga[8] la admiración de los coros arcangélicos, el aplauso de las potestades de los cielos. Y fray Tomás de la Pasión no comprendía eso.

Él creía, creía, con la fe de un verdadero creyente. Mas la curiosidad le azuzaba[9] el espíritu, le lanzaba a la averiguación de los secretos de la naturaleza y de la vida. A tal punto, que no comprendía cómo esa sed de saber, ese deseo indomable de penetrar en lo velado[10] y en lo arcano[11] del universo, era obra del pecado[12], y añagaza[13] del Bajísimo[14] para impedirle de esa manera su consagración absoluta a la adoración del Eterno Padre.

---

1 la hagiografía: una composición biográfica acerca de un santo
2 Ernest Hello: autor francés de *Fisonomías de santos* (1875)
3 vitraux: *frz.* bunte Kirchenfenster
4 columbino/-a: semejante a la paloma – inocente y sencillo/-a
5 el lirio: Lilie
6 Joris-Karl Huysmans (1848–1907): escritor francés. Sus trabajos expresan un disgusto por la vida moderna y un profundo pesimismo.
7 lego/-a: Laie
8 la pocilga: Schweinestall
9 azuzar: irritar, estimular
10 velado/-a: verschleiert, verhüllt
11 arcano/-a: geheimnisvoll, obskur
12 el pecado: Sünde
13 la añagaza: List
14 el Bajísimo: *hier* der Teufel

Llegó a manos de fray Tomás un periódico en que se hablaba detalladamente del descubrimiento del alemán doctor Roentgen, quien había encontrado la manera de fotografiar a través de los cuerpos opacos; supo lo que era el tubo Crookes, la luz catódica, el rayo X. Vio el facsímile de una mano cuya anatomía se transparentaba ₅ claramente, y la figura patente de objetos retratados entre cajas bien cerradas.

No pudo desde ese instante estar tranquilo. ¿Cómo podría él encontrar un aparato como los aparatos de aquellos sabios? ¿Cómo podría realizar en su convento las mil cosas que se amontonaban en ₁₀ su enferma imaginación?

En las horas de los rezos y de los cantos, notábanle todos los otros miembros de la comunidad, ya meditabundo[1], ya agitado como por súbitos sobresaltos, ya con la faz encendida por repentina llama de sangre, ya con los ojos como extáticos, fijos en el cielo o ₁₅ clavados en la tierra. Y era la obra del pecado que se afianzaba en el fondo de aquel combatido pecho: el pecado bíblico de la curiosidad, el pecado de Adán junto al árbol de la ciencia del bien y del mal.

Múltiples ideas se agolpaban[2] a la mente del religioso, que no encontraba la manera de adquirir los preciosos aparatos. ¡Cuánto ₂₀ de su vida no daría él por ver los peregrinos instrumentos de los sabios nuevos, en su pobre laboratorio de fraile aficionado, y sacar las anheladas pruebas, hacer los maravillosos ensayos que abrían una nueva era a la sabiduría humana! Si así se caminaba, no sería imposible llegar a encontrar la clave del misterio de la vida. Si se ₂₅ fotografiaba ya lo interior de nuestro cuerpo, bien podía pronto el hombre llegar a descubrir visiblemente la naturaleza y origen del alma; y, aplicando a la ciencia las cosas divinas ¿por qué no?

Aprisionar en las visiones de los éxtasis, y en las manifestaciones de los espíritus celestiales, sus formas exactas y verdaderas. ¡Si en ₃₀

---

1 meditabundo/-a: pensativo/-a
2 agolpar: juntarse

Lourdes[1] hubiese habido una instantánea, durante el tiempo de las visiones de Bernadette! ¡Si en los momentos en que Jesús o su Madre Santa favorecen con su presencia corporal a señalados fieles, se aplicase la cámara obscura! Oh, cómo se convencerían entonces
5 los impíos[2], cómo triunfaría la religión.

Así cavilaba[3], así se estrujaba los sesos[4] el pobre fraile, tentado[5] por uno de los más encarnizados príncipes de las tinieblas[6].

Y sucedió que en uno de esos momentos, en uno de los instantes en que su deseo era más vivo, en hora en que debía estar entregado
10 a la disciplina y a la oración en la celda, se presentó a su vista uno de los hermanos de la comunidad, llevándole un envoltorio[7] bajo el hábito.

—Hermano —le dijo—, os he oído decir que deseabais una máquina como esas con que los sabios están maravillando el
15 mundo. Os la he podido conseguir. Aquí la tenéis.

Y depositando el envoltorio en manos del asombrado Tomás, desapareció, sin que este tuviese tiempo de advertir que bajo el hábito se habían mostrado, en el momento de la desaparición, dos patas de chivo[8].

20 Fray Tomás, desde el día del misterioso regalo, consagrose[9] a sus experimentos. Faltaba a maitines[10], no asistía a la misa, excusándose como enfermo. El padre provincial[11] solía amonestarle[12]; y todos le

---

1 Lourdes: ciudad francesa, un lugar de peregrinación católica donde, a partir de 1858, se produjo varias apariciones de la Virgen María a la joven Bernadette Soubirous

2 el impío, la impía: persona que no cree en Dios

3 cavilar: sinnieren

4 estrujarse los sesos: *fig.* sich den Kopf zerbrechen

5 tentado/-a: versucht, verleitet, in Versuchung geführt

6 el príncipe de las tinieblas: Fürst der Finsternis

7 el envoltorio: una cosa envuelta

8 el chivo: *Am.* Ziegenbock

9 consagrose: se consagró; consagrarse a alg.: sich etw. widmen

10 los maitines: Morgenandacht

11 el padre provincial: Abt, Prior

12 amonestar a alg.: jdn. verwarnen

veían pasar, extraño y misterioso, y temían por la salud de su cuerpo y de su alma.

Y él ¿qué hacía?

Fotografió una mano suya, frutas, estampas dentro de libros, otras cosas más.   5

Y una noche, el desgraciado, se atrevió por fin a realizar su pensamiento.

Dirigiose[1] al templo, receloso[2], a pasos callados. Penetró en la nave principal, y se dirigió al altar en que, a la luz de una triste lámpara de aceite, se hallaba expuesto el Santísimo Sacramento.   10
Abrió el tabernáculo. Sacó el copón[3]. Tomó una sagrada forma. Salió huyendo para su celda.

Al día siguiente, en la celda de fray Tomás de la Pasión, se hallaba el señor arzobispo delante del padre provincial.

—Ilustrísimo señor —decía éste—, a fray Tomás le hemos   15
encontrado muerto. No andaba muy bien de la cabeza. Esos sus estudios y aparatos creo que le hicieron daño.

—¿Ha visto su reverencia[4] esto? —dijo su señoría ilustrísima, mostrándole una placa fotográfica que recogió del suelo, y en la cual se hallaba, con los brazos desclavados[5] y una terrible mirada en los   20
divinos ojos, la imagen de Nuestro Señor Jesucristo.

Publicado en *La Nación*[6], Argentina (1896)

---

1 dirigiose: se dirigió
2 receloso/-a: con miedo
3 el copón: Hostienkelch
4 su reverencia: Euer Hochwürden
5 desclavar: quitar un clavo (Nagel)
6 *La Nación*: un diario argentino

Tareas

1. Trabajas para un diario y te han pedido escribir un artículo sobre la muerte del fray Tomás. Resume los acontecimientos en forma de un artículo de …

   a. la prensa amarilla

   o

   b. un diario de alta calidad.

2. Describe lo fantástico en este cuento y explica de qué forma de lo fantástico se trata, p. ej. según la clasificación de Bioy Casares.

3. Retrata a Fray Tomás.

José María Roa Bárcena

Lanchitas

El título puesto a la presente narración no es el diminutivo de *lanchas*, como a primera vista ha podido figurarse el lector; sino —por más que de pronto se le resista creerlo— el diminutivo del apellido «Lanzas», que a principios de este siglo llevaba en México un sacerdote, muy conocido en casi todos los círculos de ⁵ nuestra sociedad. Nombrábasele[1] con tal derivado, no sabemos si simplemente en señal de cariño y confianza, o si también en parte por lo pequeño de su estatura; mas sea que militaran[2] entrambas causas juntas, o aislada alguna de ellas, casi seguro es que las dominaba la sencillez pueril[3] del personaje, a quien, por su carácter, ¹⁰ se aplicaba generalmente la frase vulgar de «no ha perdido la gracia del bautismo»[4]. Y, como por algún defecto de la organización de su lengua, daba a la *t* y a la *c*, en ciertos casos, el sonido de la *ch*, convinieron sus amigos y conocidos en llamarle «Lanchitas», a ciencia y paciencia suya; exponiéndose de allí a poco los que ¹⁵ quisieran designarle por su verdadero nombre, a malgastar tiempo y saliva.

¿Quién no ha oído alguno de tantos cuentos, más o menos salados[5], en que Lanchitas funge de protagonista, y que la tradición oral va transmitiendo a la nueva generación? Algunos me hicieron ²⁰ reír más de veinte años ha, cuando acaso aún vivía el personaje; sin que las preocupaciones y agitaciones de mi malhadada[6] carrera de periodista me dejaran tiempo ni humor de procurar su conocimiento.

1 nombrábasele: *ant.* Se le nombraba
2 militar: figurar en un colectivo
3 pueril: propio de un niño o que parece de un niño
4 no perder la gracia del bautismo: *aquí* seguir siendo inocente y sin haber pecado
5 salado/-a: gracioso/-a, chistoso/-a
6 malhadado/-a: infeliz, desgraciado/-a

Hoy que, por dicha, no tengo que ilustrar o rectificar o lisonjear[1] la opinión pública, y que por desdicha voy envejeciéndome a grandes pasos, qué de veces al seguir en el humo de mi cigarro, en el silencio de mi alcoba[2], el curso de las ideas y de los sucesos que me visitaron
5 en la juventud, se me ha presentado en la especie de linterna mágica de la imaginación, Lanchitas, tal como me le describieron sus coetáneos: limpio, manso y sencillo de corazón, envuelto en sus hábitos clericales, avanzando por esas calles de Dios con la cabeza siempre descubierta y los ojos en el suelo: no dejando asomar[3] en sus
10 pláticas[4] y exhortaciones[5] la erudición[6] de Fenelón, ni la elocuencia de Bossuet[7]; pero pronto a todas horas del día y de la noche a socorrer una necesidad, a prodigar[8] los auxilios de su ministerio[9] a los moribundos, y a enjugar las lágrimas de la viuda y el huérfano: y en materia de humildad, sin término de comparación, pues no le
15 hay, ciertamente, para la humildad de Lanchitas.

Y, sin embargo, me dicen que no siempre fue así; que si no recibió del cielo un talento de primer orden, ni una voluntad firme y altiva, era hombre medianamente resuelto y despejado[10] y por demás estudioso e investigador. En una época en que la fe y el culto
20 católico no se hallaban a discusión[11] en estas comarcas, y en que el ejercicio del sacerdocio era relativamente fácil y tranquilo, bastaban la pureza de costumbres, la observancia de la disciplina eclesiástica, el ordinario conocimiento de las ciencias sagradas y morales, y un juicio recto para captarse el aprecio del clero y el respeto y la

---

1 lisonjear: agradar
2 la alcoba: el dormitorio
3 asomar: indicar, mostrar
4 la plática: la conversación
5 la exhortación: Ermahnung, Hinweis
6 la erudición: Gelehrsamkeit
7 François Fénelon (1651–1715) y Jacques Bénigne Bossuet (1627–1704) eran teólogos y autores franceses
8 prodigar: dar con abundancia
9 el ministerio: *aquí* la profesión
10 despejado/-a: schlau, aufgeweckt
11 no hallarse a discusión: nicht hinterfragt werden, firm sein

estimación de la sociedad. Pero Lanzas, ávido de[1] saber, no se había dado por satisfecho con la instrucción seminarista y en los ratos que el desempeño[2] de sus obligaciones de capellán le dejaba libres, profundizaba las investigaciones teológicas, y, con autorización de sus prelados[3], seguía curiosamente las controversias entabladas en   5 Europa entre adversarios y defensores del catolicismo; no siéndole extrañas ni las burlas de Voltaire, ni las aberraciones de Rousseau, ni las abstracciones de Spinoza[4]; ni las refutaciones[5] victoriosas que provocaron en su tiempo. Quizá hasta se haya dedicado al estudio de las ciencias naturales, después de ejercitarse en el de las lenguas   10 antiguas y modernas; todo en el límite que la escasez[6] de maestros y de libros permitía aquí a principios del siglo. Y este hombre, superior en conocimientos a la mayor parte de los clérigos de su tiempo, consultado a veces por obispos y oidores, y considerado, acaso, como un pozo[7] de ciencia por el vulgo, cierra o quema   15 repentinamente sus libros; responde a las consultas con la risa de la infancia o del idiotismo; no vuelve a cubrirse la cabeza ni a levantar del suelo sus ojos, y se convierte en personaje de broma para los chicos y para los desocupados. Por rara y peregrina[8] que haya sido la transformación, fue real y efectiva, y he aquí cómo, del respetable   20 Lanzas, resultó Lanchitas, el pobre clérigo que se me aparece entre las nubes de humo de mi cigarro.

No ha[9] muchos meses, pedía yo noticias de él a una persona ilustrada y formal, que le trató con cierta intimidad; y, como acababa de figurar en nuestra conversación el tema del espiritismo,   25

---

1   ávido/-a de a/c: gierig nach etw.
2   el desempeño: Ausübung
3   el prelado: un eclesiástico católico superior al sacerdote
4   Voltaire (1694–1778), Jean-Jacques Rousseau (1712–1778) y Baruch de Spinoza (1632–1677): filósofos europeos
5   la refutación: Widerlegung
6   la escasez de a/c: Knappheit, Mangel an etw.,
7   el pozo: Brunnen
8   peregrino/-a: *aquí* especial, extraño/-a
9   ha: *aquí* hace

hoy en boga[1], mi interlocutor me tomó del brazo, y, sacándome de la reunión de amigos en que estábamos, me refirió una anécdota más rara todavía que la transformación de Lanchitas, y que acaso la explique. Para dejar consignada[2] tal anécdota, trazo estas líneas, sin
5 meterme a calificarla. Al cabo, si es absurda, vivimos bajo el pleno reinado de lo absurdo.

    No recuerdo el día, el mes, ni el año del suceso, ni si mi interlocutor los señaló; sólo entiendo que se refería a la época de 1820 a 30; y en lo que no me cabe duda es en que se trataba del principio de una
10 noche oscura, fría y lluviosa, como suelen serlo las de invierno. El Padre Lanzas tenía ajustada una partida de malilla o tresillo[3] con algunos amigos suyos, por el rumbo de Santa Catalina Mártir[4]; y, terminados sus quehaceres del día, iba del centro de la ciudad a reunírseles esa noche, cuando, a corta distancia de la casa en que
15 tenía lugar la modesta tertulia[5], alcanzóle una mujer del pueblo, ya entrada en años y miserablemente vestida, quien, besándole la mano, le dijo:

    —¡Padrecito! ¡Una confesión! Por amor de Dios, véngase conmigo Su Merced, pues el caso no admite espera.

20   Trató de informarse el Padre si se había o no acudido previamente a la parroquia[6] respectiva en solicitud de los auxilios espirituales que se le pedían; pero la mujer, con frase breve y enérgica, le contestó que el interesado pretendía que él precisamente le confesara, y que si se malograba el momento[7], pesaría sobre la conciencia del
25 sacerdote; a lo cual éste no dio más respuesta que echar a andar detrás de la vieja.

---

1 estar en boga: estar de moda, *en vogue*
2 consignar: schriftlich hinterlegen
3 la malilla y el tresillo: juegos de cartas/naipes
4 Santa Catalina Mártir: una iglesia en el centro histórico de la Ciudad de México
5 la tertulia: la reunión
6 la parroquia: Kirchengemeinde
7 malograr el momento: die Chance vertun

Recorrieron en toda su longitud una calle de Poniente a Oriente[1], mal alumbrada y fangosa[2], yendo a salir cerca del Apartado[3], y de allí tomaron hacia el Norte, hasta torcer a mano derecha y detenerse en una miserable accesoria[4] del callejón del Padre Lecuona. La puerta del cuartucho[5] estaba nada más entornada, y empujándola simplemente, la mujer penetró en la habitación llevando al Padre Lanzas de una de las extremidades del manteo[6]. En el rincón más amplio y sobre una estera[7] sucia y medio desbaratada estaba el paciente, cubierto con una frazada[8]; a corta distancia, una vela de sebo puesta sobre un jarro boca abajo en el suelo, daba su escasa luz a toda la pieza, enteramente desamueblada y con las paredes llenas de telarañas. Por terrible que sea el cuadro más acabado de la indigencia[9], no daría idea del desmantelamiento, desaseo[10] y lobreguez[11] de tal habitación, en que la voz humana parecía apagarse antes de sonar, y cuyo piso de tierra exhalaba el hedor[12] especial de los sitios que carecen de la menor ventilación.

Cuando el Padre, tomando la vela, se acercó al paciente y levantó con suavidad la frazada que le ocultaba por completo, descubrióse una cabeza huesosa y enjuta[13], amarrada con un pañuelo amarillento y a trechos roto. Los ojos del hombre estaban cerrados y notablemente hundidos, y la piel de su rostro y de sus

---

1   de Poniente a Oriente: del oeste al este
2   fangoso/-a: schlammig
3   el Apartado: el Palacio del Marqués del Apartado, un edificio neoclásico en el centro de la ciudad, cerca del Templo Mayor
4   la accesoria: Nebengebäude
5   el cuartucho: una vivienda mala y pequeña
6   el manteo: una capa larga que llevan los eclesiásticos
7   la estera: Matte
8   la frazada: Bettdecke
9   la indigencia: Armut, Not, Elend
10 el desaseo: Unbehagen, Unbehaglichkeit
11 la lobreguez: Dunkelheit
12 el hedor: un olor desagradable y penetrante
13 enjuto/-a: knorrig

manos, cruzadas sobre el pecho, aparentaba la sequedad y rigidez[1] de la de las momias.

—¡Pero este hombre está muerto! —exclamó el Padre Lanchas dirigiéndose a la vieja.

5 —Se va a confesar, Padrecito —respondió la mujer, quitándole la vela, que fue a poner en el rincón más distante de la pieza, quedando casi a oscuras el resto de ella; y al mismo tiempo el hombre, como si quisiera demostrar la verdad de las palabras de la mujer, se incorporó en su petate[2] y comenzó a recitar con voz cavernosa, pero
10 suficientemente inteligible, el *Confiteor Deo*[3].

Tengo que abrir aquí un paréntesis a mi narración, pues el digno sacerdote jamás a alma nacida refirió[4] la extraña y probablemente horrible confesión que aquella noche le hicieron. De algunas alusiones y medias palabras suyas se infiere que al comenzar su
15 relato el penitente[5], se refería a fechas tan remotas[6] que el Padre, creyéndole difuso o divagado, y comprendiendo que no había tiempo que perder, le excitó a concretarse a lo que importaba; que a poco entendió que aquél se daba por muerto de muchos años atrás, en circunstancias violentas que no le habían permitido descargar
20 su conciencia[7] como había acostumbrado pedirlo diariamente a Dios, aun en el olvido casi total de sus deberes y en el seno de los vicios[8], y quizá hasta del crimen; y que por permisión divina[9] lo hacía en aquel momento, viniendo de la eternidad para volver a ella inmediatamente. Acostumbrado Lanzas, en el largo ejercicio de su
25 ministerio, a los delirios y extravagancias de los febricitantes[10] y de los locos, no hizo mayor aprecio de tales declaraciones, juzgándolas

1 la rigidez: Steifheit
2 el petate: una estera de palma
3 Confiteor Deo: Beginn des Schuldbekenntnisses
4 referir (e → ie): dar a conocer
5 el/la penitente: una persona que se confiesa con un sacerdote
6 remoto/-a: *hier* zeitlich zurückliegend
7 descargar la conciencia: sein Gewissen erleichtern
8 el vicio: Sünde, Laster
9 la permisión divina: göttliche Erlaubnis
10 el/la febricitante: una persona que tiene fiebre

efecto del extravío[1] anormal o inveterado[2] de la razón del enfermo; contentándose con exhortarle[3] al arrepentimiento[4] y explicarle lo grave del trance a que estaba orillado, y con absolverle[5] bajo las condiciones necesarias, supuesta la perturbación mental[6] de que le consideraba dominado. Al pronunciar las últimas palabras del rezo[7],   5 notó que el hombre había vuelto a acostarse; que la vieja no estaba ya en el cuarto, y que la vela, a punto de consumirse por completo, despedía sus últimas luces. Llegando él a la puerta, que permanecía entornada, quedó la pieza en profunda oscuridad; y, aunque al salir atrajo con suavidad la hoja entreabierta, cerróse ésta de firme,   10 como si de adentro la hubieran empujado. El Padre, que contaba con hallar[8] a la mujer en la parte de afuera y con recomendarle el cuidado del moribundo[9] y que volviera a llamarle a él mismo, aun a deshora, si advertía que recobraba aquél la razón[10], desconcertóse[11] al no verla, esperóla en vano durante algunos minutos; quiso volver   15 a entrar en la accesoria, sin conseguirlo, por haber quedado cerrada, como de firme, la puerta; y, apretando en la calle la oscuridad y la lluvia, decidióse, al fin, a alejarse, proponiéndose efectuar, al siguiente día muy temprano, nueva visita.

Sus compañeros de malilla o tresillo le recibieron amistosa y   20 cordialmente, aunque no sin reprocharle su tardanza. La hora de la cita había, en efecto, pasado ya con mucho, y Lanzas, sabiéndolo o sospechándolo, había venido aprisa y estaba sudando. Echó mano al bolsillo en busca del pañuelo para limpiarse la frente, y no le halló. No se trataba de un pañuelo cualquiera, sino de la obra acabadísima   25

---

1   el extravío: Irrleitung, Fehlleitung
2   inveterado/-a: antiguo/-a
3   exhortar a alg.: jdn. ermutigen
4   el arrepentimiento: Buße, Reue
5   absolver a alg.: jdm. die Absolution erteilen
6   la perturbación mental: psychische Störung
7   el rezo: Gebet
8   hallar: encontrar
9   el/la moribundo/-a: que está muriendo o muy cercano a morir
10   recobrar la razón: zur Vernunft kommen
11   desconcertar: verblüfft sein

de alguna de sus hijas espirituales más consideradas de él; finísima batista[1] con las iniciales del Padre, primorosamente[2] bordadas en blanco, entre laureles y trinitarias de gusto más o menos monjil[3]. Prevalido de su confianza en la casa, llamó al criado, le dio las
5 señas de la accesoria en que seguramente había dejado el pañuelo, y le despachó[4] en su busca, satisfecho de que se le presentara, así, ocasión de tener nuevas noticias del enfermo, y de aplacar[5] la inquietud en que él mismo había quedado a su respecto. Y con la fruición[6] que produce en una noche fría y lluviosa llegar de la calle
10 a una pieza abrigada y bien alumbrada, y hallarse en amistosa compañía cerca de una mesa espaciosa, a punto de comenzar el juego que por espacio de más de veinte años nos ha entretenido una o dos horas cada noche, repantigóse[7] nuestro Lanzas en uno de esos sillones de vaqueta[8] que se hallaban frecuentemente en
15 las celdas de los monjes, y que yo prefiero al más pulido asiento de brocatel o terciopelo[9], y encendiendo un buen cigarro habano y arrojando bocanadas de humo aromático, al colocar sus cartas en la mano izquierda en forma de abanico[10], y como si no hiciera más que continuar en voz alta el hilo de sus reflexiones relativas al penitente
20 a quien acababa de oír, dijo a sus compañeros de tresillo:

—¿Han leído ustedes la comedia de Don Pedro Calderón de la Barca[11] intitulada La devoción de la cruz?

---

1 la batista: Batist, ein sehr feiner, gewebter, leichter Stoff
2 primorosamente: geschickt, sorgfältig
3 monjil: perteneciente a las monjas
4 despachar: losschicken, senden
5 aplacar: beruhigen, beschwichtigen
6 la fruición: Vergnügen
7 repantigarse: *aquí* sentarse
8 la vaqueta: Rindsleder
9 el brocatel, el terciopelo: Brokat, Samt
10 el abanico: Fächer
11 Pedro Calderón de la Barca (1600–1681): escritor español

Alguno de los comensales[1] la conocía y recordó al vuelo las principales peripecias[2] del galán noble y valiente, al par[3] que corrompido, especie de Tenorio[4] de su época, que, muerto a hierro, obtiene por efecto de su constante devoción a la sagrada insignia del cristiano el raro privilegio de confesarse momentos u 5 horas después de haber cesado de vivir. Recordado lo cual, Lanzas prosiguió diciendo, en tono entre grave y festivo:

— No se puede negar que el pensamiento del drama de Calderón es altamente religioso, no obstante que algunas de sus escenas causarían positivo escándalo hasta en los tristes días que 10 alcanzamos. Mas, para que se vea que las obras de imaginación suelen causar daño efectivo aun con lo poco de bueno que contengan, les diré que acabo de confesar a un infeliz, que no pasó de artesano[5] en sus buenos tiempos; que apenas sabía leer y que, indudablemente, había leído o visto La devoción de la cruz, puesto 15 que, en las divagaciones[6] de su razón, creía reproducido en sí mismo el milagro del drama...

—¿Cómo? ¿Cómo? —exclamaron los comensales de Lanzas, mostrando repentino interés.

— Como ustedes lo oyen, amigos míos. Uno de los mayores 20 obstáculos con que, en los tiempos de ilustración que corren, se tropieza[7] en el confesionario es el deplorable efecto de las lecturas, aun de aquellas que a primera vista no es posible calificar de nocivas[8]. No pocas veces me he encontrado, bajo la piel de

---

1 el comensal: cada una de las personas que comen en una misma mesa
2 la peripecia: un cambio repentino de situación
3 al par: igualmente
4 Tenorio: Don Juan (Tenorio), Figur in verschiedenen spanischen Dramen, z. B. von Tirso de Molina oder José Zorilla, gilt als Prototyp des Don Juan
5 no pasar de a/c: *etw.* es zu nichts Weiterem bringen als
6 la divagación: *hier* unzusammenhängendes Gerede
7 tropezar (e → ie): stolpern
8 nocivo/-a: dañoso/-a

beatas compungidas[1] y feas, con animosas[2] Casandras[3] y tiernas y remilgadas[4] Atalas[5]; algunos delincuentes honrados, a la manera del de Jovellanos[6], han recibido de mi mano la absolución; y en el carácter de muchos hombres sesudos[7] he advertido fuertes conatos
5 de imitación de las fechorías[8] del Periquillo, de Lizardi[9]. Pero ninguno tan preocupado ni porfiado como mi último penitente; loco, loco de remate. ¡Lástima de alma, que a vueltas de un verdadero arrepentimiento, se está en sus trece[10] de que hace quién sabe cuántos años dejó el mundo, y que por altos juicios de Dios…!
10 ¡Vamos! ¡Lo del protagonista del drama consabido[11]! Juego…

En estos momentos se presentó el criado de la casa, diciendo al Padre que en vano había llamado durante media hora en la puerta de la accesoria; habiéndose acercado, al fin, el sereno[12], a avisarle caritativamente que la tal pieza y las contiguas llevaban mucho
15 tiempo de estar vacías, lo cual le constaba perfectamente, por razón de su oficio y de vivir en la misma calle.

Con extrañeza oyó esto el Padre; y los comensales que, según he dicho, habían ya tomado interés en su aventura, dirigiéronle nuevas preguntas, mirándose unos a otros. Daba la casualidad de hallarse
20 entre ellos nada menos que el dueño de las accesorias, quien declaró que, efectivamente, así éstas, como la casa toda a que pertenecían,

---

1 compungido/-a: dolorido/-a
2 animoso/-a: tatkräftig, mutig
3 Casandra: Anspielung auf Kassandra, die in der griechischen Mythologie Weissagungen trifft, die niemand glaubt
4 remilgado/-a: empfindlich, zimperlich
5 Atalas: alude a la obra *Atala* (1801) del escritor romántico francés François-René de Chateaubriand (1768–1848)
6 Gaspar de Jovellanos (1744–1811): escritor español
7 sesudo/-a: inteligente
8 la fechoría: Missetat, Übeltat
9 José Joaquín Fernández de Lizardi (1776–1827): escritor mexicano; su obra más conocida es la novela picaresca *El periquillo Sarniento*
10 estarse en sus trece: *fig.* no cambiar su opinión
11 consabido/-a: vertraut, bekannt
12 el sereno: el encargado de rondar de noche por las calles para velar por la seguridad

llevaban cuatro años de vacías y cerradas, a consecuencia de estar
pendiente en los tribunales un pleito[1] en que se le disputaba la
propiedad de la finca, y no haber querido él entre tanto hacer las
reparaciones indispensables[2] para arrendarla[3]. Indudablemente,
Lanzas se había equivocado respecto a la localidad por él visitada,   5
y cuyas señas, sin embargo, correspondían con toda exactitud a la
finca cerrada y en pleito; a menos que, a excusas del propietario,
se hubiera cometido el abuso de abrir y ocupar las accesorias,
defraudándole su renta. Interesados igualmente, aunque por
motivos diversos, el dueño de la casa y el Padre en salir de dudas,   10
convinieron esa noche en reunirse al otro día, temprano, para ir
juntos a reconocer la accesoria.

Aún no eran las ocho de la mañana siguiente, cuando llegaron
a su puerta, no sólo bien cerrada, sino mostrando entre las hojas
y el marco, y en el ojo de la llave, telarañas y polvo que daban la   15
seguridad material de no haber sido abierta en algunos años. El
propietario llamó sobre esto la atención del Padre, quien retrocedió
hasta el principio del callejón, volviendo a recorrer cuidadosamente,
y guiándose por sus recuerdos de la noche anterior, la distancia
que mediaba desde la esquina hasta el cuartucho, a cuya puerta se   20
detuvo nuevamente, asegurando con toda formalidad ser la misma
por donde había entrado a confesar al enfermo, a menos que, como
éste, no hubiera perdido el juicio[4]. A creerlo así se iba inclinando el
propietario, al ver la inquietud y hasta la angustia[5] con que Lanzas
examinaba la puerta y la calle, ratificándose en sus afirmaciones   25
y suplicándole[6] hiciese abrir la accesoria a fin de registrarla por
dentro.

Llevaron allí un manojo de llaves viejas, tomadas de orín, y
probando algunas, después de haber sido necesario desembarazar

---

1 el pleito: Rechtsstreit
2 indispensable: necesario/-a
3 arrendar a/c: etw. vermieten
4 perder el juicio: den Verstand verlieren
5 la angustia: Angst, Beklemmung
6 suplicar a/c a alg.: pedir, rogar a/c a alg.

de tierra y telarañas, por medio de clavo o estaca[1], el agujero[2] de la cerradura, se abrió al fin la puerta, saliendo por ella el aire malsano y apestoso a humedad que Lanzas había aspirado allí la noche anterior. Penetraron en el cuarto nuestro clérigo y el dueño de la
5 finca, y a pesar de su oscuridad, pudieron notar, desde luego, que estaba enteramente deshabitado y sin mueble ni rastro alguno de inquilinos[3]. Disponíase el dueño a salir, invitando a Lanzas a seguirle o precederle, cuando éste, renuente[4] a convencerse de que había simplemente soñado lo de la confesión, se dirigió al ángulo del
10 cuarto en que recordaba haber estado el enfermo, y halló en el suelo y cerca del rincón su pañuelo, que la escasísima luz de la pieza no le había dejado ver antes. Recogióle con profunda ansiedad[5] y corrió hacia la puerta para examinarle a toda la claridad del día. Era el suyo, y las marcas bordadas no le dejaban duda alguna. Inundados
15 en sudor su semblante[6] y sus manos, clavó en el propietario de la finca los ojos, que el terror parecía hacer salir de sus órbitas; se guardó el pañuelo en el bolsillo, descubrióse[7] la cabeza y salió a la calle con el sombrero en la mano, delante del propietario, quien, después de haber cerrado la puerta y entregado a su dependiente el
20 manojo de llaves, echó a andar al lado del Padre, preguntándole con cierta impaciencia:

— Pero ¿cómo se explica usted lo acaecido[8]?

Lanzas le vio con señales de extrañeza, como si no hubiera comprendido la pregunta; y siguió caminando con la cabeza
25 descubierta a sombra y a sol, y no se la volvió a cubrir desde aquel punto. Cuando alguien le interrogaba sobre semejante rareza, contestaba con risa como de idiota, y llevándose la diestra al bolsillo,

---

1 la estaca: Stange
2 el agujero: Öffnung, Loch
3 el/la inquilino/-a: Mieter/in
4 renuente: zögerlich, widerwillig
5 la ansiedad: Beklemmung, Unruhe
6 el semblante: la cara
7 descubrir: *hier* die Kopfbedeckung abnehmen
8 acaecer: suceder

para cerciorarse[1] de que tenía consigo el pañuelo. Con infatigable constancia siguió desempeñando las tareas más modestas del ministerio sacerdotal, dando señalada preferencia a las que más en contacto le ponían con los pobres y los niños, a quienes mucho se asemejaba en sus conversaciones y sus gustos. ¿Tenía, acaso, presente 5 el pasaje de la Sagrada Escritura relativo a los párvulos[2]? Jamás se le vio volver a dar el menor indicio de enojo o de impaciencia; y si en las calles era casual o intencionalmente atropellado[3] o vejado[4], continuaba su camino con la vista en el suelo y moviendo sus labios como si orara. Así le suelo contemplar todavía en el silencio de mi 10 alcoba, entre las nubes de humo de mi cigarro; y me pregunto si a los ojos de Dios no era Lanchitas más sabio que Lanzas, y si los que nos reímos con la narración de sus excentricidades y simplezas no estamos, en realidad, más trascordados[5] que el pobre clérigo.

Diré, por vía de apéndice, que poco después de su muerte, al 15 reconstruir algunas de las casas del callejón del Padre Lecuona, extrajeron del muro más grueso de una pieza, que ignoro si sería la consabida accesoria, el esqueleto de un hombre que parecía haber sido emparedado[6] mucho tiempo antes, y a cuyo esqueleto se dio sepultura con las debidas formalidades. 20

De *Lanchitas* (1878)

---

1   cerciorarse: sich vergewissern
2   el/la párvulo/-a: Kleinkind
3   atropellar: anrempeln
4   vejar: schikanieren
5   trascordado/-a: confundido/-a
6   emparedar: einmauern

Tareas

1. Resume lo que le pasa al Padre Lanzas en tus propias palabras.
2. Describe lo fantástico en este cuento y explica de qué forma de lo fantástico se trata, p. ej. según la clasificación de Bioy Casares.
3. Analiza la postura del narrador acerca de los acontecimientos, ¿cree que son reales? Justifica con ejemplos del texto.
4. Caracteriza al Padre Lanzas y compáralo con el carácter que tiene después del acontecimiento, a partir del cual es llamado Padre Lanchitas.

Jorge Luis Borges

El encuentro

Quien recorre los diarios cada mañana lo hace para el olvido o para el diálogo casual de esa tarde, y así no es raro que ya nadie recuerde, o recuerde como en un sueño, el caso entonces discutido y famoso de Maneco Uriarte y de Duncan. El hecho aconteció[1], por lo demás, hacia 1910, el año del cometa y del Centenario[2], y son tantas las cosas que desde entonces hemos poseído y perdido. Los protagonistas ya han muerto; quienes fueron testigos del episodio juraron un solemne silencio. También yo alcé la mano para jurar y sentí la importancia de aquel rito, con toda la romántica seriedad de mis nueve o diez años. No sé si los demás advirtieron[3] que yo había dado mi palabra; no sé si guardaron la suya. Sea lo que fuere, aquí va la historia, con las inevitables variaciones que traen el tiempo y la buena o la mala literatura.

Mi primo Lafinur me llevó esa tarde a un asado[4] en la quinta[5] de Los Laureles. No puedo precisar su topografía; pensemos en uno de esos pueblos del Norte, sombreados y apacibles[6], que van declinando hacia el río y que nada tienen que ver con la larga ciudad y con su llanura[7]. El viaje en tren duró lo bastante para que me pareciera tedioso[8], pero el tiempo de los niños, como se sabe, fluye con lentitud. Había empezado a oscurecer cuando atravesamos

1 acontecer: geschehen, sich ereignen
2 el año del cometa y del Centenario: En 1910 se podía ver el cometa Halley en el cielo de Buenos Aires y se celebró la Revolución de Mayo de 1810 que resultó en la independencia argentina y el primer gobierno argentino
3 advertir (e → ie): observar, fijar en algo la atención
4 el asado: *arg.* la barbacoa
5 la quinta: Landhaus
6 apacible: tranquilo/-a
7 la llanura: Ebene
8 tedioso/-a: aburrido/-a

el portón de la quinta. Ahí estaban, sentí, las antiguas cosas elementales: el olor de la carne que se dora, los árboles, los perros, las ramas secas, el fuego que reúne a los hombres.

Los invitados no pasaban de una docena; todos, gente grande.
5 El mayor, lo supe después, no había cumplido aún los treinta años. Eran, no tardé en comprender, doctos[1] en temas de los que sigo siendo indigno: caballos de carrera, sastrería[2], vehículos, mujeres notoriamente costosas. Nadie turbó[3] mi timidez, nadie reparó[4] en mí. El cordero, preparado con diestra lentitud por uno
10 de los peones[5], nos demoró[6] en el largo comedor. Las fechas de los vinos se discutieron. Había una guitarra; mi primo, creo recordar, entonó La tapera y El gaucho de Elías Regules y unas décimas en lunfardo[7], en el menesteroso[8] lunfardo de aquellos años, sobre un duelo a cuchillo[9] en una casa de la calle Junín. Trajeron el café y
15 los cigarros de hoja. Ni una palabra de volver. Yo sentía (la frase es de Lugones[10]) el miedo de lo demasiado tarde. No quise mirar el reloj. Para disimular mi soledad de chico entre mayores, apuré sin agrado[11] una copa o dos. Uriarte propuso a gritos a Duncan un póker mano a mano. Alguien objetó que esa manera de jugar solía
20 ser muy pobre y sugirió una mesa de cuatro. Duncan lo apoyó, pero Uriarte, con una obstinación[12] que no entendí, ni traté de entender, insistió en lo primero. Fuera del truco[13], cuyo fin esencial es poblar el tiempo con diabluras y versos y de los modestos laberintos del

1   docto/-a: gelehrt, bewandert
2   la sastrería: (Herren-)Schneiderei
3   turbar: interrumpir, enturbiar
4   reparar en a/c.: darse cuenta de a/c
5   el pcón: Landarbeiter, Hilfsarbeiter
6   demorar: *hier* warten lassen
7   el lunfardo: Gaunersprache im Buenos Aires des 19. Jhd.
8   menesteroso/-a: pobre
9   el duelo a cuchillo: Duelle mit Messern waren unter den Gauchos in Argentinien und Uruguay verbreitet
10   Leopoldo Lugones (1874–1938): autor argentino
11   el agrado: el gusto
12   la obstinación: Sturheit
13   el truco: un juego de naipes/cartas argentino

solitario[1], nunca me gustaron los naipes. Me escurrí[2] sin que nadie lo notara. Un caserón desconocido y oscuro (sólo en el comedor había luz) significa más para un niño que un país ignorado para un viajero. Paso a paso exploré las habitaciones; recuerdo una sala de billar, una galería de cristales con formas de rectángulos y de rombos, un par de sillones de hamaca y una ventana desde la cual se divisaba[3] una glorieta[4]. En la oscuridad me perdí; el dueño de casa, cuyo nombre, a la vuelta de los años, puede ser Acevedo o Acebal, dio por fin conmigo. Por bondad o para complacer su vanidad de coleccionista, me llevó a una vitrina. Cuando prendió la lámpara, vi que contenía armas blancas[5]. Eran cuchillos que en su manejo se habían hecho famosos. Me dijo que tenía un campito por el lado de Pergamino[6] y que yendo y viniendo por la provincia había ido juntando esas cosas. Abrió la vitrina y sin mirar las indicaciones de las tarjetas, me refirió su historia, siempre más o menos la misma, con diferencias de localidades y fechas. Le pregunté si entre las armas no figuraba la daga de Moreira[7], en aquel tiempo el arquetipo del gaucho, como después lo fueron Martín Fierro[8] y Don Segundo Sombra[9]. Hubo de confesar que no, pero que podía mostrarme una igual, con el gavilán[10] en forma de U. Lo interrumpieron unas voces airadas. Cerró inmediatamente la vitrina; yo lo seguí.

Uriarte vociferaba que su adversario le había hecho una trampa. Los compañeros los rodeaban, de pie. Duncan, recuerdo, era más alto que los otros, robusto, algo cargado de hombros, inexpresivo,

---

1 el solitario: Solitär, Patience
2 escurrirse: *hier* sich davon machen, entwischen
3 divisar: ver
4 la glorieta: Gartenhaus
5 el arma blanca (las armas): Stichwaffen
6 Pergamino: ciudad en el norte de Buenos Aires
7 Juan Moreira (1819–1874): legendärer argentinischer Gaucho
8 Martín Fierro: Held des gleichnamigen epischen Gedichts des Argentiniers
        José Hernández aus dem Jahr 1872, das als Nationalepos Argentiniens gilt
9 Don Segundo Sombra: Titelheld des Romans des argentinischen Autors
        Ricardo Güiraldes (1886–1927) über den idealen Gaucho
10 el gavilán: *hier* Parierstange (eines Degens)

de un rubio casi blanco; Maneco Uriarte era movedizo[1], moreno,
acaso achinado[2], con un bigote petulante[3] y escaso[4]. Era evidente
que todos estaban ebrios[5]; no sé si había en el piso dos o tres
botellas tiradas o si el abuso del cinematógrafo me sugiere esa falsa
5 memoria. Las injurias[6] de Uriarte no cejaban, agudas y ya obscenas.
Duncan parecía no oírlo; al fin, como cansado, se levantó y le dio
un puñetazo. Uriarte, desde el suelo, gritó que no iba a tolerar esa
afrenta[7] y lo retó a batirse[8].

Duncan dijo que no, y agregó a manera de explicación:

10 —Lo que pasa es que le tengo miedo.

La carcajada fue general.

Uriarte, ya de pie, replicó:

—Voy a batirme con usted y ahora mismo.

Alguien, Dios lo perdone, hizo notar que armas no faltaban.

15 No sé quién abrió la vitrina. Maneco Uriarte buscó el arma
más vistosa[9] y más larga, la del gavilán en forma de U; Duncan,
casi al desgaire[10], un cuchillo de cabo de madera, con la figura de
un arbolito en la hoja. Otro dijo que era muy de Maneco elegir una
espada[11]. A nadie le asombró que le temblara en aquel momento la
20 mano; a todos, que a Duncan le pasara lo mismo.

La tradición exige que los hombres en trance de pelear no
ofendan la casa en que están y salgan afuera. Medio en jarana, medio
en serio, salimos a la húmeda noche. Yo no estaba ebrio de vino,
pero sí de aventura; yo anhelaba que alguien matara, para poder
25 contarlo después y para recordarlo. Quizá en aquel momento los

1 movedizo/-a: beweglich
2 acaso achinado/ a: *hier* mit leichten Schlitzaugen
3 petulante: selbstgefällig
4 escaso/-a: spärlich
5 ebrio/-a: borracho/-a
6 la injuria: la ofensa, el insulto
7 la afrenta: la vergüenza, el deshonor
8 retar a alg. a batirse: jdn. zu einem Duell herausfordern
9 vistoso/-a: auffällig, prächtig
10 al desgaire: con descuido
11 la espada: Schwert, Degen

otros no eran más adultos que yo. También sentí que un remolino[1], que nadie era capaz de sujetar, nos arrastraba y nos perdía. No se prestaba mayor fe a la acusación de Maneco; todos la interpretaban como fruto de una vieja rivalidad, exacerbada[2] por el vino.

Caminamos entre árboles, dejamos atrás la glorieta. Uriarte ⁵ y Duncan iban a la cabeza; me extrañó que se vigilaran, como temiendo una sorpresa. Bordeamos un cantero de césped[3]. Duncan dijo con suave autoridad:

—Este lugar es aparente[4].

Los dos quedaron en el centro, indecisos. Una voz les gritó: ¹⁰

—Suelten esa ferretería que los estorba y agárrense de veras[5].

Pero ya los hombres peleaban. Al principio lo hicieron con torpeza[6], como si temieran herirse; al principio miraban los aceros, pero después los ojos del contrario. Uriarte había olvidado su ira; Duncan, su indiferencia o desdén[7]. El peligro los había transfigurado; ¹⁵ ahora eran dos hombres los que peleaban, no dos muchachos. Yo había previsto la pelea como un caos de acero, pero pude seguirla, o casi seguirla, como si fuera un ajedrez. Los años, claro está, no habrán dejado de exaltar o de oscurecer lo que vi. No sé cuánto duró; hay hechos que no se sujetan a la común medida del tiempo. ²⁰

Sin el poncho que hace de guardia, paraban con el antebrazo los golpes. Las mangas, pronto jironadas[8], se iban oscureciendo de sangre. Pensé que nos habíamos engañado al presuponer que desconocían esa clase de esgrima[9]. No tardé en advertir que se manejaban de manera distinta. Las armas eran desparejas. Duncan, ²⁵ para salvar esa desventaja, quería estar muy cerca del otro; Uriarte

---

1   el remolino: Strudel, Wirbel
2   exacerbado/-a: hecho peor o más grave
3   el cantero de césped: Rasenstück
4   aparente: apropiado/-a
5   de veras: im Ernst
6   la torpeza: Ungeschicklichkeit
7   el desdén: Geringschätzung
8   jironado/-a: zerfetzt
9   la esgrima: Fechten, Fechtkunst

retrocedía para tirarse en puñaladas largas y bajas. La misma voz que había indicado la vitrina gritó:

— Se están matando. No los dejen seguir.

Nadie se atrevió a intervenir. Uriarte había perdido terreno; Duncan entonces lo cargó[1]. Ya casi se tocaban los cuerpos. El acero[2] de Uriarte buscaba la cara de Duncan. Bruscamente nos pareció más corto, porque había penetrado en el pecho. Duncan quedó tendido en el césped. Fue entonces cuando dijo con voz muy baja:

—Qué raro. Todo esto es como un sueño.

No cerró los ojos, no se movió y yo había visto a un hombre matar a otro.

Maneco Uriarte se inclinó sobre el muerto y le pidió que lo perdonara. Sollozaba[3] sin disimulo. El hecho que acababa de cometer lo sobrepasaba. Ahora sé que se arrepentía menos de un crimen que de la ejecución de un acto insensato.

No quise mirar más. Lo que yo había anhelado[4] había ocurrido y me dejaba roto[5]. Lafinur me dijo después que tuvieron que forcejear para arrancar el arma. Se formó un conciliábulo[6]. Resolvieron mentir lo menos posible y elevar el duelo a cuchillo a un duelo con espadas. Cuatro se ofrecieron como padrinos, entre ellos Acebal. Todo se arregla en Buenos Aires; alguien es siempre amigo de alguien.

Sobre la mesa de caoba[7] quedó un desorden de barajas inglesas[8] y de billetes que nadie quería mirar o tocar.

En los años siguientes pensé más de una vez en confiar la historia a un amigo, pero siempre sentí que ser poseedor de un secreto me

---

1 cargar: *aquí* atacar
2 el acero: Stahl
3 sollozar: schluchzen
4 anhelar: desear vehementemente
5 roto/-a: *fig.* am Boden zerstört
6 el conciliábulo: una junta o reunión para tratar de algo que se quiere mantener oculto
7 la caoba: Mahagoni(holz)
8 la baraja inglesa: Kartenspiel mit englischem Blatt (ähnelt dem französischen Blatt)

halagaba[1] más que contarlo. Hacia 1929, un diálogo casual me movió de pronto a romper el largo silencio. El comisario retirado don José Olave me había contado historias de cuchilleros del bajo del Retiro[2]; observó que esa gente era capaz de cualquier felonía[3], con tal de madrugar al contrario, y que antes de los Podestá y de 5 Gutiérrez[4] casi no hubo duelos criollos. Le dije haber sido testigo de uno y le narré lo sucedido hace tantos años.

Me oyó con atención profesional y después me dijo:

— ¿Está seguro de que Uriarte y el otro no habían visteado[5] nunca? A lo mejor, alguna temporada en el campo les había servido 10 de algo.

—No —le contesté. — Todos los de esa noche se conocían y todos estaban atónitos[6].

Olave prosiguió sin apuro, como si pensara en voz alta:

—Una de las dagas tenía el gavilán en forma de U. Dagas como 15 ésas hubo dos que se hicieron famosas: la de Moreira y la de Juan Almada, por Tapalquén[7].

Algo se despertó en mi memoria; Olave prosiguió:

—Usted mentó[8] asimismo un cuchillo con cabo de madera, de la marca de Arbolito. Armas como ésas hay de a miles, pero hubo 20 una...

Se detuvo un momento y prosiguió:

—El señor Acevedo tenía su establecimiento de campo cerca de Pergamino. Precisamente por aquellos pagos anduvo, a fines del siglo, otro pendenciero de mentas[9]: Juan Almanza. Desde la primera 25

---

1 halagar: schmeicheln
2 el bajo del Retiro: una parte del barrio «Retiro» en Buenos Aires
3 la felonía: la traición, una acción fea
4 los Podestá y de Gutiérrez: Mitte des 19. Jhd führte die Familie Podestá in ihrem «circo criollo» Messerduelle (duelos criollos) auf, u. a. in einer Theaterversion von Gutiérrez' Roman über den Gaucho Juan Moreira
5 vistear: *arg.* simular un duelo con cuchillos
6 atónito/-a: verblüfft, sprachlos
7 Tapalquén: una ciudad ca. 300 km al suroeste de Buenos Aires
8 mentar: mencionar
9 el pendenciero de mentas: bekannter Streithahn, Streitsüchtiger

muerte que hizo, a los catorce años, usaba siempre un cuchillo corto de ésos, porque le trajo suerte. Juan Almanza y Juan Almada se tomaron inquina[1], porque la gente los confundía. Durante mucho tiempo se buscaron y nunca se encontraron. A Juan Almanza lo
5 mató una bala perdida, en unas elecciones. El otro, creo, murió de muerte natural en el hospital de Las Flores.

Nada más se dijo esa tarde. Nos quedamos pensando.

Nueve o diez hombres, que ya han muerto, vieron lo que vieron mis ojos — la larga estocada[2] en el cuerpo y el cuerpo bajo el cielo
10 — pero el fin de otra historia más antigua fue lo que vieron. Maneco Uriarte no mató a Duncan; las armas, no los hombres, pelearon. Habían dormido, lado a lado, en una vitrina, hasta que las manos las despertaron. Acaso se agitaron al despertar; por eso tembló el puño[3] de Uriarte, por eso tembló el puño de Duncan. Las dos sabían
15 pelear — no sus instrumentos, los hombres — y pelearon bien esa noche. Se habían buscado largamente, por los largos caminos de la provincia, y por fin se encontraron, cuando sus gauchos ya eran polvo. En su hierro dormía y acechaba un rencor[4] humano.

Las cosas duran más que la gente. Quién sabe si la historia
20 concluye aquí, quién sabe si no volverán a encontrarse.

De *El informe de Brodie* (1970)

Tareas

1. Resume el cuento en tus propias palabras.
2. Describe lo fantástico en este cuento y explica de qué forma de lo fantástico se trata, p. ej. según la clasificación de Bioy Casares.
3. Explica el título del cuento.
4. Explica la función del narrador del cuento.

---

1 tomarse inquina: no llevarse bien, odiarse
2 la estocada: Degenstich, Degenstoß
3 el puño: Faust
4 el rencor: Groll

Samantha Schweblin

Última vuelta

Julia me sonríe desde el otro caballo. Cuando el animal sube, las luces le iluminan el pelo; cuando baja, ella se toma del mástil[1] y se arquea[2] hacia atrás, sin dejar de mirarme. Somos indias hermosas. En la calesita[3], montamos nuestros caballos hasta el infinito, huimos de terribles amenazas y rescatamos de la muerte a animales en 5 peligro. Si algo sale mal, si necesitamos duplicar nuestras fuerzas, chocamos los rubíes de nuestros anillos y una energía cósmica nos da superpoderes. Julia estira hacia mí su mano y yo la tomo de los dedos, apenas alcanzamos a mantenernos agarradas. Pregunta si la quiero. Digo que sí. Pregunta si vamos a vivir juntas para siempre. 10 Le digo que sí. Pregunta si algún día tendremos un castillo, si va a ser inmenso y si las indias viven en castillos así, inmensos. Le digo que sí, que por supuesto, que eso es lo que hacen las indias hermosas. Mamá está entre la gente que espera en el banco. La busco pero no la veo. Me abrazo a la crin[4] dorada de mi caballo. Julia me imita y 15 esperamos a mamá para saludarla. La calesita gira y mamá sigue sin aparecer. Dos hermanos nos miran desde uno de los bancos. Hay más gente también, otros chicos con sus padres esperando el turno en la boletería[5]. Cuando completamos otra vuelta, el menor de los hermanos nos señala. Están sentados junto a una mujer muy 20 vieja, que también nos mira. Tiene un chal plateado, el pelo blanco y la piel oscura; parece cansada. Dónde está mamá, dice Julia. Busco a mamá. El boletero[6] que sacude la llave no es el hombre de

1 el mástil: Mast, Stange
2 arquear: biegen
3 la calesita: el carrusel
4 la crin: Rosshaar
5 la boletería: Fahrkartenschalter
6 el boletero: *Am.* la persona que vende los boletos

siempre. El carrusel se detiene, tenemos que bajar. Los hermanos dejan su banco y vienen hacia nuestros caballos. De todos los que hay, ellos quieren estos, y vamos a tener que dárselos. Julia se aferra[1] a su caballo, mira a los chicos que ya suben. Hay que bajar,
5 digo. Me mira asustada, quieren nuestros caballos, dice, los rubíes, choquemos los rubíes, dice estirando su mano hacia mí. Pienso en darle el gusto, pero los hermanos se trepan[2] y me preocupa no ver a mamá. El mayor se acerca y le da dos palmadas al morro[3] de mi caballo. El otro le hace un gesto a Julia para que se baje. Ella tiene los
10 cachetes[4] inflados y colorados, parece que está por llorar. Acaricio la piel cálida[5], fuerte, de mi caballo. Apenas alcanzo a bajar y siento al chico tomar con fuerza la montura y subirse. Taconea[6] y grita, trata al caballo como a un animal de guerra. La calesita empieza a moverse y descubro que Julia ya no está en su caballo ni cerca de
15 mí. Tengo que bajar, pero no la encuentro. Tampoco a mamá. La abuela de los hermanos camina hacia mí y me hace un gesto para ayudarme a saltar. Sus manos me dan miedo. Me toma de los dedos. Está helada y es tan flaca que es como si le tocara los huesos. La calesita sigue girando. Me tiro y tropezamos[7]. Caigo al piso de tierra
20 y creo que ella cae conmigo. Trato de levantarme pero no puedo. Algo pasa. Siento un dolor profundo, en todo el cuerpo, algo que se comprime, o se aplasta[8], algo muy delicado. Los brazos y las piernas tardan en responderme, se mueven lento, ya no soportan su propio peso. Siento frío y, con esfuerzo, apenas logro girar para volverme
25 hacia la calesita. Entonces los hermanos aparecen por la derecha, dos soldados erguidos sobre los corceles[9]. Cuando el mayor me ve me señala asustado y enseguida empiezan a bajar. Algunos padres

1 aferrarse a a/c: agarrarse a a/c
2 trepar: klettern, aufsteigen
3 el morro: Maul
4 el cachete: Wange
5 cálido/-a: caluroso/-a
6 taconear: *hier* die Sporen geben
7 tropezar (e → ie): stolpern
8 aplastar: zerquetschen
9 el corcel: el caballo (de batalla)

se acercan y me ayudan a incorporarme. Les cuesta levantarme, me mueven con cuidado. Entre varios me acompañan hasta un banco. El mayor de los hermanos me acaricia el pelo y acomoda sobre mis hombros un chal, el menor se sienta a mi lado y me mira asustado. Descubro el anillo, el rubí brillante en mi piel vieja y oscura, y me quedo así, inmóvil, los dedos sobre los huesos de las rodillas, atenta al movimiento de los caballos vacíos. Que suben y bajan. Suben y bajan. Y detrás, infinitas, las praderas[1] verdes que me separan del castillo.

De *Pájaros en la boca y otros cuentos* (2018)

Tareas

1. Resume el cuento en tus propias palabras.
2. Describe lo fantástico en este cuento y explica de qué forma de lo fantástico se trata, p. ej. según la clasificación de Bioy Casares.
3. Participas en un proyecto estudiantil sobre literatura fantástica. Al final del proyecto, se publicará una antología con cuentos fantásticos latinoamericanos. Por el momento, se va a incluir en la antología los cuentos tratados en clase. La directora del programa te ha pedido leer el cuento de Schweblin y decidir si el cuento «Última vuelta» debería ser incluido en la antología o no. Escríbele un e-mail y justifica tu decisión.

---

1 la pradera: Grasland, Prärie

ANEXO

Mario Benedetti nació en 1920, en Paso de los Toros, Uruguay, y murió en 2009 en Montevideo. Fue escritor, poeta, dramaturgo y periodista uruguayo y es uno de los escritores más importantes para la literatura uruguaya. Se exilió tras el golpe de Estado en 1973, huyendo de un país latinoamericano a otro para no vivir bajo los sendos regímenes. Luchó para los derechos humanos, especialmente en el contexto de las desapariciones en Uruguay durante la dictadura de 1973 a 1985. Su obra más conocida es la novela *La tregua* de 1960, bien que, en total, Benedetti escribió más de 80 libros de poesía, novelas, cuentos y ensayos.

Jorge Luis Borges nació en 1899 en Buenos Aires, Argentina, y murió en 1986 en Ginebra, Suiza. Fue escritor, poeta, ensayista, traductor, bibliotecario y crítico literario. Borges es considerado una figura clave tanto para la literatura en habla hispana como para la literatura universal. Sus obras han contribuido ampliamente a la literatura filosófica, al género fantástico, al realismo mágico, al posmodernismo y al posestructuralismo. En 1940 publicó, en colaboración con Adolfo Bioy Casares y Silvina Ocampo, la *Antología de la literatura fantástica*, en cuya introducción presentan rasgos teóricos de la literatura fantástica. Se dice que Borges renovó el lenguaje de la ficción y que así abrió el camino a una generación de novelistas hispanoamericanos. Aunque fue candidato durante casi treinta años, nunca recibió el Premio Nobel de Literatura.

Julio Cortázar nació en 1914, en Bruselas, y murió en 1984, en París. El argentino fue escritor, traductor y profesor quien optó por la nacionalidad francesa en 1981, en protesta contra el régimen militar argentino. Cortázar es considerado uno de los autores más innovadores y originales de su tiempo, puesto que rompió con los moldes clásicos de la literatura. Sus cuentos y novelas transitan en la frontera entre lo real y lo fantástico, tienen rasgos del *realismo mágico* y del *surrealismo*. Con su obra más conocida la novela *Rayuela* (1963) Cortázar fue relacionado con el *boom* *de la literatura latinoamericana*. En su obra indaga y averigua la percepción de la realidad, animando y provocando al lector a reflejar su mundo y su vida diaria. Al salir de un racionalismo estricto, el lector o la lectora ya no son lectores pasivos sino se convierten en lectores activos.

Rubén Darío nació en 1867 en Metapa, Nicaragua, y murió en 1916, en León, Nicaragua. Fue poeta, periodista y diplomático y es considerado el máximo representante del *modernismo* literario en lengua hispana (o «Padre del Modernismo»), sin olvidar al argentino Leopoldo Lugones. Su poemario *Azul* (1888) es el punto de partida de este movimiento que subrayaba la independencia y rebeldía creadoras, la sensibilidad abierta a diversas culturas y una profunda renovación estilística del lenguaje.

Gabriel García Márquez nació en 1927, en Aracataca, Colombia, y murió en 2014, en Ciudad de México. Fue escritor, periodista, editor y guionista y es considerado uno de los mejores escritores latinoamericanos. Este escritor colombiano, relacionado con el llamado *boom de la literatura latinoamericana* de los años 1960 y 1970 y el *realismo mágico*, recibió en Premio Nobel de Literatura en 1982. García Márquez fue famoso tanto por su genialidad literaria como por su postura política, siendo amigo del líder cubano Fidel Castro. Entre sus obras destacan las novelas *Cien años de soledad* (1967) y *Crónica de una muerta anunciada* (1981). El cuento «La luz es como el agua» fue publicado en *Doce cuentos peregrinos* (1992), bien que García Márquez ya lo había escrito en 1978. El cuento «El ahogado más hermoso del mundo» fue publicado en *La increíble y triste historia de la cándida Eréndira y de su abuela desalmada* en 1974.

Leopoldo Lugones nació en 1874, en Córdoba, Argentina, y murió en 1938, en Buenos Aires. Fue poeta, cuentista, novelista, historiador, docente y político argentino. Lugones es considerado uno de los escritores más innovadores en Latinoamérica: Junto con Rubén Darío, fue el principal exponente del *modernismo* latinoamericano, su obra poética es considerada como la inauguración en lengua castellana de toda la poesía moderna. Lugones fue uno de los primeros escritores de habla hispana en producir microrrelatos y también fue uno de los pioneros de la literatura fantástica y de ciencia ficción en Argentina. De ahí que la fecha de su nacimiento (13 de junio) es considerada el día del escritor en Argentina.

Joaquín Pasos nació en 1914, en Granada, Nicaragua, y murió en 1947, en Managua. Fue poeta, dramaturgo, cuentista y ensayista nicaragüense. Formó parte del grupo «Movimiento de la Vanguardia de Nicaragua» y se hizo conocido en su patria especialmente por sus poemas vanguardistas, especialmente su «Canto de guerra de las cosas» (1947). En varias ocasiones fue encarcelado por sus sátiras contra el dictador Somoza.

Horacio Quiroga nació en 1878, en Salto, Uruguay, y murió 1937, en Buenos Aires. Fue cuentista, dramaturgo y poeta uruguayo y uno de los maestros del cuento latinoamericano. El estilo de su obra es modernista y naturalista. Dado que Quiroga incluyó en sus cuentos aspectos temibles y horrorosos, fue comparado con el escritor estadounidense, Edgar Allan Poe (1809–1849), el renovador de la novela gótica y famoso por sus cuentos de terror y la invención del relato detectivesco. En 1905 Quiroga publicó, entre otras obras, la novela *Los perseguidos* y el cuento «El almohadón de plumas», ambos el producto de un viaje por la selva hasta la frontera con Brasil con el escritor argentino, Leopoldo Lugones. Quiroga volvió a la selva varias veces y publicó muchos cuentos (también para niños) que tienen lugar en la selva.

José María Roa Bárcenas nació en 1827 en Xalapa, México, y murió en 1908, en Ciudad de México. Fue político, historiador, crítico literario, novelista, periodista y poeta. Recibió el apodo «Poe mexicano» por la influencia del escritor estadounidense, Edgar Allan Poe (1809–1849), el renovador de la novela gótica y famoso por sus cuentos de terror y la invención del relato detectivesco. Aunque también escribió cuentos en la tradición romántica, p. ej. en sus *Leyendas mexicanas* (1862), inspiradas en leyendas indígenas y leyendas populares, Pasos es considerado el iniciador del cuento moderno en México por incluir elementos horrorosos y fantásticos en sus cuentos.

Samanta Schweblin, nacida en 1978, en Buenos Aires, Argentina, ha recibido varios premios (entre ellos el Casa de las Américas) por sus cuentos y novelas que han sido traducidos a más de veinticinco lenguas. Estudió Diseño de Imagen y Sonido en Buenos Aires y desde 2012 vive en Berlín, donde escribe y dicta talleres literarios. Críticos literarios comparan su estilo (con elementos de lo neo-fantástico y del *realismo mágico*), a los estilos de Cortázar, Borges o Bioy Casares.

Notas

Notas

Notas